小学多元目标教育与教学策略研究

史淑华　王奕月　孙维蔚　著

吉林摄影出版社

·长春·

图书在版编目(CIP)数据

小学多元目标教育与教学策略研究/史淑华,王奕月,孙维蔚著.--长春:吉林摄影出版社,2023.3
ISBN 978-7-5498-5768-5

Ⅰ.①小… Ⅱ.①史…②王…③孙… Ⅲ.①小学教育-研究 Ⅳ.①G62

中国版本图书馆 CIP 数据核字(2023)第 052065 号

小学多元目标教育与教学策略研究
XIAOXUE DUOYUAN MUBIAO JIAOYU YU JIAOXUE CELUE YANJIU

著　　者:	史淑华　王奕月　孙维蔚
出版人:	车　强
责任编辑:	罗　晗
开　　本:	787mm×1092mm　1/16
字　　数:	228 千字
印　　张:	9.25
版　　次:	2024 年 1 月第 1 版
印　　次:	2024 年 1 月第 1 次印刷

出　　版: 吉林摄影出版社
发　　行: 吉林摄影出版社
地　　址: 长春市净月高新技术产业开发区福祉大路 5788 号
　　　　　邮编:130118
电　　话: 总编办:0431-81629821
　　　　　发行科:0431-81629829
印　　刷: 北京银祥印刷有限公司

ISBN 978-7-5498-5768-5　　　定　价:48.00 元

版权所有　侵权必究

  众所周知,语言是人类进行交流的工具,而其存在的更重要的意义即它不仅是人类的思维工具,也是人类区别于动物的最根本所在。随着教育改革的开展,针对英语的教学研究越来越受重视。在学习国外教学法的同时,英语教学研究致力于开发适合我国国情的教学模式。同样是对语言的学习与运用,汉语作为我国母语,经过长期的研究与实践,形成相对稳定的、成熟的教学经验。在现今,针对小学语文教学经验对英语教学的启示少有论及。因此,通过梳理小学语文在教学改革与实践中形成的经验并进行学理追踪,选取部分对小学英语教学有启发的教学经验进行思考,运用科学的方式、方法从多角度检验借鉴的可能性,促进教学有效性,促进未来学科的发展,提高学生的能力素养,更新教学新理念,形成对教学理论的新认识。

  本书是小学教学方向的著作,主要研究小学多元目标教育与教学策略,本书从小学语言类学科基础知识理论介绍入手,针对小学英语、语文教学课程设计、英语与语文融合性课程开发设计进行了分析研究;另外对英语、语文口语教学设计、阅读教学设计、写作教学设计、小学语文识字教学对小学英语单词教学的作用及小学英语热潮下语文学科的突围与发展做了一定的介绍;小学语文教学经验对小学英语教学的启示提出了一些建议;对小学多元目标教育与教学的应用创新有一定的借鉴意义。

  在本书的策划和撰写过程中,作者曾参阅了国内外有关的大量文献和资料,从其中得到启示,在此致以衷心的感谢!由于当下环境的多变性和教育理论的不断丰富,本书的选材和撰写还有一些不尽如人意的地方,加上作者学识水平和时间所限,书中难免存在缺点和谬误,敬请同行专家及读者指正,以便进一步完善提高。

目录

第一章　小学语言类学科基础知识理论 ... 1
　第一节　小学英语语言知识 ... 1
　第二节　小学语文语言知识 ... 9

第二章　小学英语、语文教学课程设计 ... 29
　第一节　小学英语课程与教学设计 ... 29
　第二节　小学语文课程与教学设计 ... 43
　第三节　小学英语与语文融合性课程开发设计 ... 60

第三章　小学语言类学科教学设计 ... 65
　第一节　小学英语、语文口语教学设计 ... 65
　第二节　小学英语、语文阅读教学设计 ... 78
　第三节　小学英语、语文写作教学设计 ... 91
　第四节　小学语文识字教学对小学英语单词教学的作用 ... 108
　第五节　小学英语热潮下语文学科的突围与发展 ... 111

第四章　小学语文教学经验对小学英语教学的启示 ... 121
　第一节　小学英语借鉴语文教学经验的理论依据与原则 ... 121
　第二节　小学英语教学实践中存在的疑惑与小学语文教学经验分析 ... 126
　第三节　小学语文阅读教学经验对小学英语阅读教学的启示 ... 132
　第四节　小学英语教学中语文教学现实影响与优化路径 ... 136

参考文献 ... 139

第一章 小学语言类学科基础知识理论

第一节 小学英语语言知识

一、语音

(一)语音能力培养的意义与价值

语音对单词发音、形音一致性读音规则的掌握以及拼读能力的发展具有积极的促进作用,语音可以促进阅读理解能力和拼写技能的提高,也是听说能力发展的必要条件。如果不能正确发音,表意就会受阻,交际自然也会受到影响,因此语音教学是小学阶段非常重要的一项内容。

(二)语音能力培养的多元目标

1. 总目标

《课程标准》提出:小学阶段语音教学目标是帮助学生养成良好的发音习惯,了解简单的拼读规律;了解单词有重音,句子有重读;在交际中做到语音清楚,语调自然。

2. 分级目标

二级具体目标描述:

(1)正确读出 26 个英文字母。

(2)了解简单的拼读规律。

(3)能够区分单词音节。

(4)能够识别单词的组成。

(5)能够区分语音的表意功能。

(6)能够根据国际音标朗读单词。

(7)能够根据拼读规则朗读单词。

(8)交际中能够做到语音、语调达意。

(三)语音能力的培养的学科疑难问题

1. 教师方面

(1)语音教学目标定位不准确

按照基础教育阶段英语课程分级总体目标的要求,对语言知识中的语音提出二级、五级和八级的目标要求。据了解,大部分英语教师在小学英语语音教学中只讲授发音规则,几乎不做发音示范。

(2)教学内容处理不得当

根据《课程标准》的要求,作为交际工具的语言首先是有声语言,文字只不过是有声语言的记录符号,英语也不例外。英语语音作为英语存在的物质基础,不仅是英语的本质,也是英语学习的基础。

2. 学生方面

缺乏系统的语音学习,部分学生采用汉字注音的办法来识记英文单词,只注意英文单词的拼写,不注意单词的准确读音,甚至用汉语的语音、语调来读单词,形成了不良的发音习惯。

(四)语音能力培养的多元教学策略

1. 总结归纳策略

记忆包括识记、保持、再认和回忆四个过程。小学生的记忆特点是学得快、忘得快,这就要求教师要善于启发和引导学生在听和模仿的过程中注意发现、总结和归纳语音规律,帮助学生记忆,以提高学习效率。在教学中,教师应通过开展各种活动去帮助学生掌握字母组合与音素发音的规律,培养学生遇到生词就能根据其拼写规律正确发音的能力,从而帮助学生形成有效的语音学习策略。

2. 身体动作参与策略

身体部分器官的参与让学习变得更加有效。例如教师利用电视机的声音,打篮球的声音,去公园的图画等方式从视觉和听觉上刺激学生,对相应词汇进行联想,从而将视觉、听觉和词汇语音意识联系在一起,学生通过身体动作的参与,将英语语音的口型也无意识地融入身体感受中。

3. 拼读策略

学生语音意识的培养在英语学习中十分重要,学生通过拆分词汇,转化为小的语音单位,学习新词的语音。这项语音技能在英语学习中为阅读和听力理解打下了极好的基础。例如,教师将"weekend"一词,分解为"week"和"end"两个实义词,一方面降低了发音难度,让学生由"s-ee-k"联想到"w-ee-k"的发音;另一方面,从词形上将其分解为两个词块,让学生感受词块碰撞构词时的连读法则"w-ee-kend",由字母 k 直接连读后面的"end"。

4. 观察策略

语音学习与认真观察分不开。教师作发音口型示范的时候,学生通常只用耳朵听音模仿,而忽略了口型的观察,导致发音产生偏差。例如:教师在教授"watches TV"时,特地让学生仔细观察教师的口型变化,让学生体会发音动作,有利于学生的口型模仿。在语音教学中,教师如果愿意花一点儿时间,让学生观察教师的口型变化,语音教学将会事半功倍。

5. 情境策略

学生需要对每一个字母的发音都有所了解,形成语音意识。因此在遇到"read"这个简单短小的新词时,教师鼓励学生观察单词中的每个字母、每个音素,鼓励学生对"r-ea-d"进行自主拼读发音,同时通过书本的阅读,进行词组"read books"的发音训练,使得语音的学习在真实的情境中变得有效、有意义。学生了解了语音的表意功能,并展开正确的联想,这为接下来的语言交际做好了铺垫。

6. 游戏策略

游戏在小学英语教学中必不可少,因为游戏富有童趣,刚好符合小学生的年龄特点和学习的需要。游戏可以调整课堂气氛,为紧张的学习气氛加入轻松的调剂,因此可作为吸引学生注意力的一种有效手段。在本案例中,"reads"的后缀发音为/z/,与"goes"、"watches"有所不同,因此教师专门为这一语音学习设计了一个猜测游戏,学生通过猜测是谁在周末读书,运用完整句子,有意义地训练了句子"He/She reads books at the weekend."

7. 吟唱训练策略

吟唱有利于学生学习语音,配上欢快的音乐,可以增加活动的气氛。例如教师在学生学习完几个动词第三人称单数形式的发音后,整合材料,让学生配上兔子舞的音乐,进行语音训练,并加上自己喜欢的动作。词汇语音配上全身反应,学生的学习热情被推到高潮,一遍又一遍地重复语音训练,充分调动了学生的学习自主性。

8. 对比策略

由旧知引向新知是课堂教学中教师常用的有效教学方法之一,同时由旧知引向新知,让旧知在无形中作为学生学习的扶手,使新知的学习变得容易。

例如教师让学生描述自己周末游泳的句子,从而引导其他学生对该生周末游泳的行为进行描述,对比"go swimming"和"goes swimming"两个短语,让学生感受两者发音的区别,加深了对后者发音的印象。

9. 朗读模仿策略

基本的朗读训练环节,教师让学生先跟读,保证学生能够正确发音。在跟读的过程中,引导学生注重语调的变化,如"Do you play football at the weekend?""How about Amy?"作为询问他人的语句,学生的语调应该上扬,让学生体会上扬语调对表意的影响,理解上扬语调含有疑问之意。同时鼓励学生同桌之间分角色朗读,变化活动的形式,学生的参与面更广,教师走下讲台四处巡视,更全面地检查了学生是否能正确发音。

二、词汇

(一)词汇能力培养的意义与价值

没有语法就不能很好地进行表达,而没有词汇则什么也不能表达。所以词汇是英语学习的重要组成部分。词汇作为语言的最基本单位,是语言交际大厦建成的必需的砖块,是语言学习的基石。在中国的语言环境下,英语是作为第二语言让学生学习的。在缺乏相应大语言环境的前提下,学生对英语词汇的学习要比母语困难得多。教师应当引导学生在特定的语境中理解词汇的意义和表意功能,通过英语单词的音、义、形来进行教学,帮助学生整体构建单词的音、义、形之间的对应关系。

(二)词汇能力培养的多元目标

1. 总目标

《课程标准》中小学阶段的词汇教学目标是看到单词能够回忆起相关信息,如单词意义、用法和学习策略;能在不同的上下文中领会单词不同的变化意义,最终达到运用单词传达信息、表达思想、解决问题、完成任务的终极目标。

2. 分级目标

二级具体目标描述:

知道单词是由字母构成的。

知道要根据单词的音、义、形来学习词汇。

学习有关本级话题范围的 600~700 个单词和 50 个左右的习惯用语,并能初步运用 400 个左右的单词表达二级规定的相应话题。

(三)词汇能力培养的学科疑难问题

1. 教师方面

(1)对词汇教学的重要性认识不够

有些教师认为,词汇记忆靠的是学生课余时间的勤奋努力,所以在课堂上只需要打开单词表让学生跟着自己机械朗读几遍,纠正一下学生的发音问题,布置课后背诵即可。这完全是把外语学写作为一种自发的、下意识的行为。

(2)词汇教学停留在传统阶段

部分教师认为词汇教学就应该以教师为中心,学生被动接受即可,忽视了学生作为学习主体的作用;其次,在词汇教学中实行"一刀切",忽视学生的个体差异,没有因材施教。

(3)词汇教学目的性不明确

有些教师对词汇知识教学的目标认识不清,向学生呈现的词汇意义和功能脱离语境,提供的词汇练习以机械重复为主,控制性强,较少有意识地把词汇作为表达思想、感情、叙事、陈述的交流工具,这使得词汇教学严重偏离了语言教学的实质交际功能。

(4)忽视词汇的文化内涵

语言是在历史发展的过程中形成的,是在特定的文化背景下产生的,因此具有浓厚的民族文化色彩。理解语言必须了解文化,理解文化必须了解语言。因此在英语教学中,教师不但要教语言,还要教文化。只有了解词汇中丰富的文化信息,才能实现真正的交际,但很多教师在词汇教学中偏偏忽略了这一点。

(5)词汇教学方法刻板、单调

不少教师每次教授新课,集中教授生词,带读—讲解—记忆—听写,方法单调,平铺直叙,学生失去思维的紧张度,兴趣和能力培养不起来。从以上存在的种种问题可以看出:要让词汇教学真正收到实效,教师在教学中应改变过去学生被动接受信息的教学模式,充分发挥学生的最近发展区及与生俱来的学习能力,引导学生积极主动地参与词汇学习。

2.学生方面

在小学英语词汇教学中,小学生由于年龄小,思维能力有限,加之缺少一定的语言环境,学生自身缺乏学习策略,经常孤立地、机械地去学习、记忆单词。记住一个单词对他们来说,需要花很多的精力,有时一个单词几天下来没有记住,或记住了,过几天就忘了,这样也大大影响了学生对英语学习的兴趣。再者,由于学生活动区域局限性,家长重视程度不够等问题,大部分学生都习惯于在课堂上被动地接受知识,课后很少或几乎没有主动去学习、复习,也缺乏课外读物、影视节目,与同学、家长交流等资源的补充。

(四)词汇能力的培养的多元教学策略及建议

1.教学策略一:词汇语境化

知识总是通过与其他知识建立某种关系而储存,而且只有通过一定的网络系统储存的知识才能被有效地提取利用。语境制约着语言的选择,因此词汇的意义与表达都在一定的上下文中才能完成。教师要通过创设情境、出示图片和实物、肢体语言、类比、演示等方式启发学生的生活经验,唤起学生的内心图像,继而关联到词汇的"所指",达到理解词义的目的。

2.教学策略二:词汇语块化

词汇的记忆不是孤立进行的,而是以语段的方式保留在长期记忆之中的。对于小学生来说,很多词汇用法都可以采用语块的方式学习、记忆。词汇教学中,除了语境因素外,还必须从整体上把握,考虑语块因素,在初学阶段应该培养学生整体把握语言的习惯,而不是分析语言的习惯。

3.教学策略三:全身反应法

记忆需要记忆者智力和情感的投入。只是听或大声朗读作用是非常小的,需要学生行动起来,全身心地投入。因此,词汇教学可以采用全身反应法,促进学生的参与和对单词的理解。

4.教学策略四:游戏激趣法

学生的需要和兴趣在单词的学习和记忆中起着十分重要的作用。教师可以通过形式多样的游戏活动,寓教于乐,将枯燥无味的单词教学转变为丰富有趣的活动形式,化学生的被动学习为主动参与,激发学生的参与热情和学习兴趣。

5.教学策略五:习得参照法

词汇教学必须符合学生习得词汇的习惯,符合学生的认知规律。教师可以引导学生学习词汇时横向联想,对词义的了解由具体到抽象,呈逐步概括趋势,逐渐领悟学习词汇之间的内在联系。

6. 教学策略六:策略原则

教师应引导学生掌握联想、分类、映象等策略,以分散记忆取代集中记忆,提升教学效果。

三、语法

(一)语法能力的培养的意义与价值

语法是语言的骨骼,是造句的机器,语法学习可以培养学生无限的语言创造潜能。语法可以帮助学生识别句子是否正确、是否得体,推迟语言学习的僵化时期,培养学生的注意力。如何有效地化解语法教学与语言学习的矛盾是新课改背景下英语教师所面临的重要课题。教师要把语法教学与听、说、读、写等学习内容自然地融合在一起,采取灵活多样的策略,充分调动学生的学习积极性,将语法教学寓于学生喜闻乐见的实践活动中,更好地发挥语法知识对英语学习的促进作用,真正提高英语教学的实效。

(二)语法能力的培养的多元目标

1. 总目标

小学阶段语法教学应以培养基本的语法意识为前提,能在具体语境中理解所学语法项目的意义和用法,能通过大量接触语言,实践运用体会语法的表意功能,同时还必须培养学生的语法应用能力。

2. 分级目标

二级具体目标描述:

在具体语境中理解以下语法项目的意义和用法:

(1)名词的单复数形式和名词所有格;

(2)人称代词和形容词性物主代词;

(3)一般现在时,现在进行时,一般过去时和一般将来时;

(4)表示时间、地点和位置的常用介词;

(5)简单句的基本形式。

在实际运用中体会以上语法项目的表意功能。

(三)语法能力的培养的学科疑难问题

1. 教师方面

教师在英语教学中过分重视语法知识的讲解和词汇句型的记忆,忽视语言功能,忽视对学生进行实际运用语言能力的培养。《课程标准》倡导英语知识型教学转变为能力型的教学。这就导致一些教师认为在小学阶段只要教会学生说英语就行了,不需要讲解语法知识,忽略了英语语法教学的必要性和重要性。

2. 学生方面

教师如果没有给学生讲解语法知识，学生在运用英语的时候就会错误频出，语言表达支离破碎，甚至无法正确表达自己的思想，学生的表达欲望大打折扣，严重影响了学生的语言交际活动。

(四)语法能力的培养的多元教学策略及建议

1. 教学策略一：演绎教学

演绎教学是一个由一般到特殊的过程。首先教师展示讲解语法规则，然后借助范例解释说明抽象的语法规则，接下来按照语法规则开展各种各样的练习。传统的语法教学多是采用演绎的教学方式。演绎教学要求学习者具有一定的思考、分析和比较的能力，要求学习者具有基本的演绎推理能力。

2. 教学策略二：归纳教学

归纳教学是一种由具体到一般的学习方法。归纳教学要求学生首先接触包含语法规则的语篇，然后根据上下文的信息归纳出语法使用规则。此策略可增加学生和语言的接触，有助于培养学生的语言感觉。通过分析归纳总结法使用规则可加深学生对用法的理解，有助于学生分析能力和注意力的培养。

3. 教学策略三：任务型语法教学

任务型语法教学要求学生通过参与贴近现实生活的语言应用活动掌握语法。任务型语法教学并不要求完全按照任务型的"pre-task"、"while-task"、"post-task"的模式进行，主要是任务理念的贯彻。

4. 教学策略四：情境语法教学

情境语法教学要求设置生活场景，让学生在真实的语境中感知语法、理解语法、应用语法，而不是脱离语境的机械操练。语境的设置可以通过图片、视频、语言假设，在应用环节，情境是必不可少的。

5. 教学策略五：功能聚焦法

功能聚焦的练习方式让学生关注的不是语法形式，而是语法的功能和应用。这种训练方式既能培养学生的语法意识，又可以培养学生的语言应用能力。

6. 教学策略六：行为实践法

行为实践法包含行为表现的训练方法，如全身反应法。祈使句的教学可以采用行为实践法，过去时、现在进行时等时态的学习同样可以采用行为实践法。学习者用行为表达自己做过的事情、正在做的事情，其他人据此问答，或者用行为回答对方的问题，都是行为实践法的表现。

7. 教学策略七：游戏活动法

采用游戏的方式训练语法可以促进学生的参与。比如可以通过猜测游戏训练爱好，可以通过绘画猜测游戏训练进行时态,可以通过找主人游戏训练物主代词,也可以将颜色询问纳入跳棋游戏中等。

（五）教学策略运用说明

语法学习是语言学习的重要组成部分,在英语教学中,语法教学是不可或缺的内容。传统的语法教授方法晦涩、枯燥乏味,教师讲解机械、孤立,学生学得云里雾里,费了九牛二虎之力仍不得要领,学习效率低下。小学英语教师通过不断学习、实践,探索出小学英语语法教学的一些新方法、新策略,如语法教学探究化、语法教学情境化、语法教学交际化、语法教学游戏化。这些策略的运用有利于学生观察语言结构、发现语言规律、在情境中学习语言知识,并运用所学语言知识完成交际任务,激发学生学习语言结构和语法知识的兴趣,增强学生学习语言的自信心,降低学生学习语法的难度,使英语语法学习更加有趣、轻松、简单、高效、实用,切实提高了学生综合运用语言的能力。

1. 语法教学探究化策略

语法教学探究化即教师在语篇学习中通过活动的设置,让学生理解语篇内容的同时,引导学生观察某个语法现象的句法结构,采用观察、总结、归纳的方法,掌握此类语法现象的结构和意义,并能够灵活运用,达到运用目的语进行交际的目的。这种探究学习的策略,让学生在思考中发现规律,体验学习语言的成就感,锻炼了学生的思维,培养了学生的探究力,增加了学生学习语法知识的主动性和内驱力。在所选取的教学案例中,教师既没有在语篇学习之初机械地教授学生有关名词所有格的语法知识,也没有在语篇学习后直接强制性灌输此语法现象。教师通过设置听对话、提出问题、猜测答案、解决问题等活动帮助学生理解课文内容,并慢慢聚焦学习重难点,通过板书、标识等方法引导学生观察句子的相同点,经过讨论总结出名词所有格的结构特征和意义。学生通过自己的学习、探索、发现、理解、掌握了此语法现象的功能和用法,遵循了学生习得语言的规律。需要注意的是,使用此策略时,不可脱离情境和文本进行语法规律的探究,否则会重新掉入孤立的语法讲解中去。

2. 语法教学情境化策略

语法教学情境化即所有的语法教授都是放置于一定的交际情境中,而不是孤立地讲授一种语法现象。在情境中学习语法便于学生理解该语法现象的意义和功能,能够让学生更好地领会语言的交际功能。语法教学的目的不是为了掌握语法学,而是为了取得学习目的语的工具。所以,语法学习不是孤立的,而是存在于具体的情境之中。教师在"This is Sam's book."一课的教授中,始终将名词所有格的学习放在语篇情境中进行处理,从"Lead-in"部分小对话的初步感知到主体语篇内容的理解、学习,教师始终将语篇、情境的理解放于首位,从宏观角度把握语篇学习,让学生在语言输入中逐步形成对名词所有格的印象和理解,最终在情境中聚集重点句,完成对语法现象的归纳和总结。在情境中学习语法让语法学习不再枯燥,而是有了故事情节,有了思想感情,也让学生对语法知识的语用功能有了更深刻的体验。设置情境时,教师需注意与学生的实际情况相结合,选取学生熟悉的生活中的情境,有利于学生的表达和拓展。而陌生的情境,则会影响学生表达的兴致和参与的热情。

3. 语法教学交际化策略

语法教学交际化即学习语法知识的最终目标不是掌握语法学,而是运用所学语法知识进行交际、用英语做事情。语言学习的目的不是孤立地掌握几个单词、一些句型,而是能够运用这些支架、砖瓦,搭建起一座沟通的桥梁,达成获取信息、交换信息、共享信息,用英语解决问题的目的。教师在教授名词所有格这一比较枯燥的语法项目时,选择了两个学生发生碰撞,双方的物品散落满地,需要分清楚是谁的物品这样的情境开展教学,并运用了"失物招领"这个情境进行操练,这样,就把语法教学生活化、交际化了,学生不觉得枯燥。在设置活动时,教师要从整体上把握语言的工具性和人文性特征,在交际过程中不仅使用目标语言进行操练,还要能够培养学生在真实的生活中运用语言表达感情、传达意愿等能力。

4. 语法教学游戏化策略

语法教学游戏化即教师设计游戏环节,对语法知识进行学习、操练、运用。游戏是学生的最爱,学生参与游戏的积极性高,在游戏中开展语法教学,可以极大地提高学生学习的热情和参与度。本案例中,教师通过"memory game"和"guessing game"两个游戏和相应的评价机制,激发学生积极思考的热情,帮助学生在图文游戏中巩固课文知识,夯实对名词所有格这一语法项目的学习。需要注意的是,游戏的设置不宜过多,过多则会重复,重复则造成时间浪费、课堂太过躁动,影响学生专注思考、安静学习。另外,游戏的设置也要跟情境紧密关联,这样,学生的学习才能始终不脱离交际的轨道。

语法教学是小学英语教学中不可或缺的部分,同时又是小学英语学习的难点,只有教师不断地思考,探索出更为行之有效、适合学生学习的策略,才能更好地帮助学生掌握语法知识。在课堂教学中,教师尽量创设各种活动来进行英语语法教学,让学生发挥主动性、创造性,学以致用。学生在活动中通过思考、探索、交流、合作等方式,学习和使用英语,完成学习任务。在自由活动中,学生能学会灵活应变,学会创造,学会独立学习,而且,交际和角色表演的活动有利于理解语法知识,提高学生的实际语言运用能力,从而提高用英语解决实际问题的能力。

第二节 小学语文语言知识

出于日常工作和专业发展的需要,小学语文教师应该具有一定程度的语言文字修养,就是要掌握语言文字的基本知识。

在语言文字知识中,跟我们直接相关的是现代汉语和普通话、汉字和现代汉字,以及语法修辞与标点符号等方面的知识。

一、现代汉语和普通话

(一)关于现代汉语

小学语文教学是汉语的教学,而且主要是现代汉语的教学。

汉语跟别的语系不同,其主要特点是:它的语素基本上是单音节的;它有声调,可以区别意义;词序和虚词是重要的语法手段;它还有丰富的量词。

汉语有古代汉语和现代汉语之分。古代汉语又可分为上古汉语、中古汉语和近代汉语。

随着中国政治、经济、文化的发展,现代汉语在世界上的地位日益提高。

(二)关于普通话

推广普通话是我国的基本语言政策,是关系国家统一、民族团结和社会发展的大事。弄清普通话的基本定义、性质与地位,将有助于增强我们推广、使用普通话的责任感和自觉性。

1. 普通话是现代汉语的标准语,也是我们国家的通用语言

汉语方言复杂,彼此不便直接通话,需要有一种标准语;中国56个民族各有自己的民族语言,也需要有一种通用语,以便各民族相互交流。

2. 普通话的语法规范

普通话"以典范的现代白话文著作为语法规范",这是语法规范。

这里的"白话文"是相对于"文言文"和"半文半白"的文章而言的,同时也排除用方言写成的文章。

这里的"现代"是相对于"古代"而言的,表示了汉语发展的最新阶段和最新状态。

这里的"典范"是相对于"一般"而言的,强调经得起推敲和社会公认。

因此,只有那些现代优秀的文学作品或学术论文、经过集体构思撰写修改而成的重要文件或论著,才可以作为普通话的语法规范,如鲁迅、郭沫若、茅盾、巴金、老舍、曹禺等的现代白话文著作及《中华人民共和国宪法》等。

应该说,普通话包括了语音、词汇、语法三方面的标准。由于我国方言的语音分歧较大,而各方言区的书面语,在词汇和语法方面则比较一致,因此,通常所说的"推广普通话""学习普通话"的概念,主要是指语音方面。

二、汉字和现代汉字

(一)汉字的形体

1. 现代汉字字体的形成

汉字的形体是指汉字的外在形态。汉字在书写或印刷上的形体,就是我们通常所说的"字体"。

我们每个人写字都有自己的特点,如平时经常说到的"这是XX的字体"一看就知道是

他的字体。在书法艺术界有各种流派,自成一体,如"欧(阳询)体""颜(真卿)体""柳(公权)体"等。而这里所说的"字体",是指一种文字在不同历史阶段社会上通行的各种不同形体,而不是指个人或书法派别的不同风格特点。

现代汉字的字体是古汉字字体的继承和发展。

按照汉字形体的演变发展,主要可以分为五种字体:甲骨文、金文、篆书、隶书、楷书。甲骨文,是"龟甲兽骨文字"的简称,为历史上商代人使用。金文,也叫钟鼎文,起于商朝末年而盛行于西周时代。篆书,包括大篆和小篆。大篆是西周后期周宣王时创新的一种字体,后来通行于西方的秦国;小篆是秦始皇统一天下后通行于全国的标准字体。隶书有秦隶和汉隶之分:秦隶又称"古隶",实际上是小篆的一种潦草写法;汉隶又称"今隶",是隶书成熟时期的一种文字形体。楷书萌芽于汉末,盛行于魏、晋、南北朝,它是在隶书的基础上发展起来的。

有文字学专家认为,从甲骨文演变发展到现在的楷体汉字,其间有两次大的变化。

甲骨文和金文统称"殷周古文",它们比较接近。从殷周古文变为小篆,是第一次大的变化:淘汰大量异体字,字形比较统一了;由方笔变为圆笔,文字笔画线条化了;由字无定形(随物画形)变为清一色的长方块,从而奠定了汉字方块形的基础。至此,汉字"象形"的特点消失了大半。

从小篆变为隶书,是第二次大的变化:变长方形为扁方形,变长线条为点画,变圆笔为方折,变瘦笔为肥笔,而且有了粗细、波势。至此,汉字的图画意味完全消失了。

楷书和隶书比较接近,由隶而楷主要是改变隶书笔画的写法,字形结构没有多大变化。楷书的特点是:形体方正,横平竖直,笔画清楚,比它以前的任何字体都好写、好认。以至于人们把楷书看作是最理想、最值得推崇的可以作为"楷模"的一种字体,尊之为"楷书""真书""正书"。汉字的字体演变为楷书、行书,此后就再也没有发生什么大的变化,楷书和行书一直并行至今。

因此,就形体而言,现代汉字是以楷书为正式字体,以行书和草书为辅助字体。

2.印刷体和手写体

活字印刷术是我国的"四大发明"之一,从雕版印刷到始于宋代的活字印刷,使得书籍印刷越来越方便。由于文字必须适应刻版镌字的特点,楷书字体又出现了印刷体和手写体的区别。

印刷体是文字的印刷形式。汉字的印刷体,起初只是手写体的摹刻,主要取自颜真卿、柳公权、欧阳询和赵孟頫四家的楷书体,到了明代,才逐渐形成了一种专门的印刷体。

现代汉字的印刷体主要有这样几种:

第一种,宋体,又叫"老宋体""古宋体""普体",是最通用的印刷体。因为这种字体是从宋版书籍中一种结构方正匀称的字体发展而来,所以称之为"宋体"。宋体的特点是字形方正,笔画横细竖粗,横画右端有装饰性的小三角点儿。

第二种,仿宋体,又叫"仿体""真宋体"。仿宋体的特点是字形方正秀丽,笔画不分粗细,而且讲究顿笔。常用来排印诗词正文、序言、图版说明等。

第三种,长仿宋体,也简称"长仿宋""长宋体",是仿宋体的一种变形字体。长仿宋体的特点是字形长方,笔画细秀,常用来排印表格的题头、诗词正文等。

第四种,楷体,也叫"大宋体""手写体"。楷体的特点是字形方正,笔画丰满,跟手写正楷字相接近。常用来排印通俗读物、小学课本、儿童读物等。

第五种,黑体,也叫"粗体""方头体"黑体的特点是字迹浓重,笔画同样粗细,撇、捺无尖。常用来排印经典性的引文、文章的标题等,起着重、醒目的作用。

此外,还有上述字体的各种变体,都是根据版面和表述内容的需要而创造出来的。

手写体是文字的手写形式。现代汉字的手写体主要有楷书(正楷)、草书和行书。

楷书的手写体跟印刷体形体上比较相似,只是自由一些,风格多样一些。行书和草书自然也可以用于印刷,但那只是手写体的摹刻或影印。

小学生学习写字,学的应该是楷书的手写体。从一开始就让他们对楷体样字描红、临摹,而且一以贯之,这样才能帮助他们逐步掌握楷体的书写,到小学毕业时"能写一手好字"。

(二)电脑中的楷书印刷体

社会的发展,书写工具、书写材料的改换,都是字体变迁的重要因素。

随着汉字信息处理电脑化的成功实现,以及汉字电脑打字、汉字网络传输、汉字激光照排等的广泛使用,电子计算机成了一种新的"书写工具",于是楷书印刷体就跟电脑打字联系起来了。

一般的电脑里,楷书印刷体主要是楷体 GB2312、宋体和黑体等多种字体可供变换使用,十分方便。

电脑的字号,一般有初号、小初、一号、小一、二号、小二、三号、小三、四号、小四、五号、小五、六号、小六、七号、八号等 16 个;另外,还有以磅数表示的:5,5.5,6.5,7.5,8,9,10,10.5,11,12,14,16,18,20,22,24,26,28,36,48,72 等 21 个。而且,电脑的"放大"功能还进一步扩大了字号变化的范围。

(三)汉字的数量

1. 汉字的总字数

汉字的总字数究竟是多少,是个谁也无法准确回答的问题。

目前我们常用的工具书中,《辞海》共收单字(包括繁体字和异体字)19485 个,其中 17674 个列为字头;《现代汉语规范词典》收单字约 13000 个。

对个人而言,认识多少现代汉字才够用呢?有关部门及专家、学者,经过对大量书面语材料的统计(书面语材料选自政论、文艺、新闻、科技等多个方面),得出了一组非常有规律的数字。

在被统计的书面语材料中,1000个高频字反复出现的频率为90%;2400个高频字反复出现的频率为99%……这就是说,一个人如果掌握了高频字表前1000个汉字,他读一般的现代书报时,平均在10个字里会有1个字不认识;如果掌握了高频字表前2400个汉字,他读一般的现代书报时,平均在100个字里会有1个字不认识;如果掌握了高频字表前3800个汉字,他读一般的现代书报时,平均在1000个字里就只有1个字不认识了……

可见,人们只要掌握了两三千个常用字,就可以读懂通俗的书报,就可以书写浅显的文章,就可以进行最一般的书面交际了。

2.现代汉语常用字表

现代汉语常用字是指在日常语体的现代汉语书面语中使用频率高的字。

如前所说,历代积累的汉字总数要以万计,但历代日常书面语常用的不同的汉字,数量一般都控制在三四千。这是字数繁多的汉字千百年来能为人们接受,成为汉族人民记录汉语的主要文字工具的一个重要原因。

也正因为这样,选取当代的常用字作为学习和使用字的重点,是历朝历代整理和教学汉字的一个重要内容。历史上的《三字经》《千字文》都是用当时的常用字编成的识字课本。

常用字选取的原则主要有四条:

第一条,统计原则。确定一个字是否常用,主要的依据是该字在书面语中出现的频率。为了提高统计的科学性,要保证统计语料有足够的数量,在字量适度的基础上尽量扩大语料的覆盖面。

第二条,分布原则。"分布"就是字在各种语料中出现的次数。甲字只在一种语料中出现,而乙字在多组语料中出现,乙字的分布率就大于甲字。分布应兼顾语料类型和语料时间跨度,既要注意统计语料的类型,保证选取的字不仅频率高而且分布在各种学科的语料中;同时注意适当拉长语料的时间长度,纵观各个不同时期的用字情况,以此来衡量该字的使用情况是否稳定。

第三条,构词构字原则。各个汉字的构词能力是不一样的。一般说来,构词能力强的字,在书面语中出现的机会就多,它的使用频率就高。但不能把构词能力的强弱作为确定该字是否常用的唯一标准,因为,有些字的构词能力很弱,甚至等于零,但却是地地道道的常用字,如"又""很""也"等。许多汉字除了构词能力以外,还有构字能力,常常作为构字部件跟别的部件组合成新字,如"非",既能独立出现,还能构成"匪、菲、斐、绯、扉、啡、霏、诽、腓、翡、蜚、排"等字,这就保证了它的常用字地位。

第四条,常识原则。这一原则是为了弥补统计原则的不足而确定的。有些字虽然在现代汉语书面语中出现的机会不多,但它记录的语词确实是日常生活中不可或缺的,如"厕"字,如果单纯根据统计数字把它排除在常用字外,实在是有悖常理。有了常识原则,就可以保证这类字进入常用字的行列。

综合运用以上原则,《现代汉语常用字表》选收了3500个字。

全表分为两大部分;第一部分是"常用字(2500个字)",第二部分是"次常用字(1000个字)"。

每一部分都按笔画数分列。"常用字"部分从1画到23画共23组,"次常用字"部分从2画到24画共21组。同笔画数的字再按第一笔的笔形依"横、竖、撇、点、折"的次序排列。第一笔笔形相同的,按第二笔的笔形依"横、竖、撇、点、折"的次序排列,以此类推。

3. 课程标准规定的教学用字

中华人民共和国教育部制定的《义务教育语文课程标准》的附录4和附录5分别安排了两个教学用字表:"识字、写字教学基本字表"和"义务教育语文课程常用字表"。

"识字、写字教学基本字表"中的字,构形简单,重现率高,其中的大多数能成为其他字的结构成分。先学这些字,有利于打好识字、写字的基础,有利于发展写字能力,提高学习效率。因此,课标规定这些字应作为第一学段教科书中识字、写字教学的重要内容,即必须把它们编进一、二年级的四册课文里成为生字。

"识字、写字教学基本字表"共300字,全部都是常用字(2500个字)中的字,按音序排列,便于查找。

"义务教育语文课程常用字表"共收常用汉字3500个,根据它们在当代各类汉语阅读材料中的出现频率和汉字教学的需要,又分成"字表一(2500)"和"字表二(1000)"两个字表。提供这样的字表,便于在教材编写中安排汉字教学的设计,同时,也便于开展对汉字教学的评估。其中的"字表一"就被规定为"第三学段(五、六年级)识字、写字教学评估的依据"。

课标第三学段(五、六年级)要求累计认识常用汉字3000个左右,其中2500个会写。"字表一(2500)"的字数满足了会写的字数的要求。

"字表一(2500)"中,有2284个是《现代汉语常用字表》第一部分(2500个字)的"常用字"。有200多字虽然选自于《现代汉语常用字表》第二部分(1000个字)的"次常用字",但也是根据社会发展的现实情况来确定的。例如"澳门"的"澳","颁布"的"颁","蓬勃"的"勃","曹操"的"曹","措施"的"措","咖啡"的"啡","杭州"的"杭","淮河"的"淮","编辑"的"辑","严峻"的"峻","卢沟桥"的"卢","媒体"的"媒","保姆"的"姆","屏幕"的"屏","契约"的"契","接吻"的"吻","综合"的"综"等等,在近几十多年里,这些字实际上已经由"次常用字"变成了出现频率很高的常用字。

(四)现代汉字的笔画

1. 笔画的种类

语言文字规范称"笔画是构成楷书汉字字形的最小单位","笔形是指笔画的形状",这里的楷书就是一种字体。字体不同,字形就不同,笔形也不同,笔画也就不同。

我们也可以换个角度来看笔画的定义:楷书是不写连笔的,因此,从写的过程来说,从落笔(笔尖接触纸)到抬笔(笔尖离开纸),叫"一笔"或"一画";一笔一笔写出来的点或线,就叫"笔画"。俗话说"饭要一口一口地吃,字要一笔一笔地写",我们觉得这不仅是在说事,还蕴含了包括应该关注认真态度、规范意识等的培养在内的哲理。我们教学生写字,应该从第一笔起,就要求他们认真写,把字写正确、写端正、写匀称。

笔画一般分为基本笔形和附笔形两类。

汉字的基本笔形(也称主笔形)有五种,其排列顺序为横、竖、撇、点、折。这跟曾经有过的楷书的基本笔画为"点、横、竖、提(也叫'挑')、撇、捺、钩、折"八种的说法差别不大。除了"钩"不能独立存在外,"提"归为了"横","捺"归为了"点",已经是最简的了。

另一类笔画叫附笔形。《字符集汉字折笔规范》(以下简称《折笔规范》)规定:与主笔形对应的从属笔形(除撇以外的主笔形都有相对应的从属笔形),称为附笔形。在此之前的"变形笔画、辅助笔画、合成笔画"等名称,其实跟现在的"从属笔形"是基本相同的,只是以"附笔形"作为规范名称而已。

手写楷体的两类笔画,在不同的字里和不同的部位上,又有许多变化,一般可以分为以下 36 种:

(1)"点"有 6 种

第一种,斜点,例如"主、内"二字中的一点。

第二种,竖点,例如"心"字的第 1 笔,"宝"字的第 2 笔。

第三种,长点,例如"卜"字的第 2 笔,"这"字的第 4 笔。

第四种,撇形点,例如"学"字的第 3 笔,"初"字的第 4 笔。

第五种,提形点,例如"习、江"二字的第 3 笔。

第六种,撇点,例如"女"字的第 1 笔,"巡"字的前三笔。

(2)"横"有 2 种

第一种,长横,例如"十"字的第 1 笔,"喜"字两个"口"之间的一横。

第二种,短横,例如"二、天"二字的第 1 笔。

(3)"竖"有 2 种

第一种,长竖,例如"止"字的第 1 笔,"川"字的第 3 笔。

第二种,短竖,例如"工"字的第 2 笔,"列"字的第 5 笔。

(4)"提"有 3 种

第一种,竖提,例如"以"字的第 1 笔,"饮"字的第 3 笔。

第二种,斜提,例如"地、打"二字的第 3 笔。

第三种,横折提,例如"说"字的第 2 笔,"辩"字的第 9 笔。

(5)"撇"有 5 种

第一种,平撇,例如"千、后"二字的第 1 笔。

第二种,斜撇,例如"人"字的第 1 笔,"方"字的最后一笔。

第三种,直撇,例如"月"字的第 1 笔,"师"字的第 2 笔。

第四种,横折撇,例如"又"字的第 1 笔,"水"字的第 2 笔。

第五种,横折折撇,例如"及"字的第 2 笔,"廷"字的第 5 笔。

(6)"捺"有 2 种

第一种,平捺,例如"之、过"二字的最后一笔。

第二种,斜捺,例如"义、木"二字的最后一笔。

(7)"钩"有 11 种

第一种,竖钩,例如"可、到"二字的最后一笔。

第二种,竖弯钩,例如"儿"字的第 2 笔,"已"字的第 3 笔。

第三种,竖折折钩,例如"马"字的第 2 笔,"弓"字的第 3 笔。

第四种,卧钩,例如"心、必"二字的第 2 笔。

第五种,横钩,例如"买"字的第 1 笔,"饮"字的第 2 笔。

第六种,横折钩,例如"同"字的第 2 笔,"报"字的第 4 笔。

第七种,横折折折钩,例如"乃"字的第 1 笔,"杨"字的第 5 笔。

第八种,横折右弯钩,例如"九"字的第 2 笔,"瓦"字的第 3 笔。

第九种,横折左弯钩,例如"陈"字的第 1 笔,"邓"字的第 3 笔。

第十种,斜钩,例如"戈"字的第 2 笔,"民"字的第 5 笔。

第十一种,横折斜钩,例如"飞"字的第 1 笔,"风"字的第 2 笔。

(8)"折"有 5 种

第一种,竖折,例如"母"字的第 1 笔,"区"字的第 4 笔。

第二种,撇折,例如"公"字的第 3 笔,"红"字的第 1 笔和第 2 笔。

第三种,横折,例如"日"字的第 2 笔,"片"字的第 4 笔。

第四种,横折折,例如"凹"字的第 2 笔。

第五种,横折折折,例如"凸"字的第 4 笔。

2. 平笔笔形与折笔笔形

笔形还可以分为平笔笔形与折笔笔形。

基本笔画中的横、竖、撇、点四种主笔形及其对应的附笔形,称为平笔笔形。平笔笔形的附笔形从上面的内容里能够找到,不再赘述。

主笔形折及其对应的附笔形,称为折笔笔形。

折笔笔形(包括主笔形与附笔形)的种数较多,《折笔规范》就规定有 25 种印刷宋体折笔笔形。另外,印刷楷体汉字还有一种折笔笔形"卧钩"("心"字的第 2 笔)。

《折笔规范》提出了两个术语和三个原则。

(1)两个术语是"折点"与"折数"

①"折点"指折笔笔形的折角、弯角、钩角处。折角、弯角、钩角这三种折点,分别称为折、弯、钩。

②"折数"即折笔笔形的折点数目。25 种折笔笔形按折数分组排列,一折的 11 种,二折的 8 种,三折的 5 种,四折的 1 种。

(2)三个原则是折笔笔形"分类原则""排序原则"和"命名原则"

①折笔笔形"分类原则"有两条。

一是根据折点前后平笔笔形进行归类,如"口"字第二笔与"己"字第一笔,折点前都是"横",折点后都是"竖",就归为相同的折笔笔形;而"山"与"瓦"的第二笔,折点前都是竖,但折点后分别是"横"和"提",就分为不同的折笔笔形了。

二是折点前后笔形相同,只是笔形长度或折点角度不同时,一般视作同笔形,如"了"和"又"的第一笔,折点前后都分别是"横"和"撇",虽然两者"撇"的长度不同,折点角度也有细微差别,但仍旧是同笔形。

②折笔笔形"排序原则"有三条。

一是折数规则,按折数排序,折点少的先于折点多的,即先排一折,再排二折、三折、四折。

二是笔形规则,即折数相同时,先依折点前再依折点后的笔形逐笔按横竖撇点顺序排序,如"口"字第二笔"横折竖"(简称"横折")就先于"又"字第一笔"横折撇"(简称"横撇");"山"字第二笔"竖折横"(简称"竖折")则先于"长"字第三笔"竖折提"(简称"竖提");而"竖提"又先于"公"字第三笔"撇折横"(简称"撇折")。

三是折点规则,即折数、折点前后笔形都相同时,按折点的种类排序,折先于弯,弯先于钩,如"凹"字第二笔"横折竖折横"(简称横折折)先于"朵"字第二笔"横折竖弯横"(简称"横折弯");而"横折弯"又先于"同"字第二笔"横折钩"("横折竖钩"的简称);"鼎"字第六笔"竖折横折竖"(简称"竖折折")则先于"己"字第三笔"竖弯横钩"(简称"竖弯钩")。

③折笔笔形"命名原则"有两条。

一是全称,是依次按照组成折笔的平笔笔形和折点名称来命名的,只有全称的折笔有两个:"横钩"和"撇钩"。

二是简称或俗称。简称是为便于称呼,当折笔的折点后为最常见的横笔或竖笔时,把折点后的横、竖笔形名省略了。可以简称的折笔有 19 个:

"口"字的第 2 笔"横折竖"简称"横折";

"又"字的第 1 笔"横折撇"简称"横撇";

"山"字的第 2 笔"竖折横"简称"竖折";

"四"字的第 4 笔"竖弯横"简称"竖弯";

"以"字的第1笔"竖折提"简称"竖提";

"云"字的第3笔"撇折横"简称"撇折";

"女"字的第1笔"撇折点"简称"撇点";

"凹"字的第2笔"横折竖折横"简称"横折折";

"朵"字的第2笔"横折竖弯横"简称"横折弯";

"记"字的第2笔"横折竖弯提"简称"横折提";

"同"字的第2笔"横折竖钩"简称"横折钩";

"鼎"字的第6笔"竖折横折竖"简称"竖折折";

"专"字的第3笔"竖折横折撇"简称"竖折撇";

"电"字的第5笔"竖弯横钩"简称"竖弯钩";

"凸"字的第4笔"横折竖折横折竖"简称"横折折折";

"及"字的第2笔"横折竖折横折撇"简称"横折折撇";

"几"字的第2笔"横折竖弯横钩"简称"横折弯钩";

"马"字的第2笔"竖折横折竖钩"简称"竖折折钩";

"杨"字的第5笔"横折竖折横折竖钩"简称"横折折折钩"。

有些折笔笔形有通俗的名称,这种名称多采用笔形形象描述法来命名,在不与其他笔形名称相混的情况下,保留俗称。表中共有4个俗称:

"犹"字的第2笔"弯竖钩"俗称"弯钩";

"代"字的第4笔"捺钩"俗称"斜钩";

"飞"字的第1笔"横折捺钩"俗称"横斜钩";

"阳"字的第1笔"横折撇折弯竖钩"俗称"横撇弯钩"。

3. 汉字的笔画数与排序

"常用字"部分笔画数最少的为1画(一、乙),笔画数最多的为23画(罐);"次常用字"部分笔画数最少的为2画(匕、刁),笔画数最多的为24画(矗);"通用字"中笔画数最少的为1画(一、乙),最多的为36画(骚)。

有意思的是,汉语"九"字有泛指多数的义项,在各种笔画数中,也是9画的字最多,常用字里有415个,通用字里有785个。

准确确定某个汉字的笔画数,要注意两种情况:一是字形变化引起的笔画数的改变,二是不要把折数多的折笔笔形误认为两笔。

在社会生活、日常工作和语文教学中,我们会经常用到数笔画的方法,并且碰到如何正确地按汉字笔画顺序排列的问题。

下面谈谈语文课本中生字的排列和常见的"按姓氏笔画顺序排列"的问题。

(1)语文课本中生字的排列

现行各版本的小学语文教科书中,一般都安排了两种生字,一种是要求会写的,即课标所提"能够掌握"的,能够读准字音,理解字义,会写会用的;另一种是"只要求认识"的,即能够根据拼音读准字音,结合课文能大体上理解字义的。(也有其他安排的,如苏教版小学语文教材还安排了这样两种生字:一是"认一认",安排在一年级上册汉语拼音部分里,每组 16 个字,共 5 组 80 个字,只认不写,比"只要求认识"的生字在教学要求上更低一些;二是随文注音的,不在 3500 个常用字范围内或因用于人名、地名而改变读音的,只是为了扫除阅读障碍而不作任何教学要求的汉字)要求会写的和只要求认识的这两种生字,一般都是按照它们在课文中出现的先后顺序安排在文后的,便于找到生字所在的位置,便于认读。

要求会写的生字,需要临摹的书写实践,这部分内容则一般是按生字的笔画顺序安排的。(方法与前面几种字表相同)

例如,课文是"一去二三里,烟村四五家,亭台六七座,八九十枝花。"按照在课文里出现的顺序安排,只要求认识的生字是"烟、亭、台、座、枝";要求会写的生字是"一、二、三、四、五、六、七、八、九、十",其临摹的书写顺序是"一(1画)、二、十、七、八、九(2画)、三(3画)、五、六(4画)、四(5画)"。

再如,要求会写的生字,按在课文中出现的顺序是"升、我、们、中、立、正、向",其临摹的书写顺序则是"中、升(4画)、正、们、立(5画)、向(6画)、我(7画)"。

(2)按姓氏笔画顺序排列

很多会议代表名单、参赛人员名单、"XX委员会"委员名单等都有"按姓氏(或姓名)笔画顺序排列"的字样,表示名单的这样排列是大家平等的,丝毫没有地位高低、名次先后之类的意思。

按姓氏笔画顺序排列,首先是笔画少的在前,笔画多的在后。例如:丁(2画)、万(3画)、王(4画)、甘(5画)。

如果姓氏相同,就按名字的第一个字的笔画数从少到多排列;名字的第一个字相同,则按名字的第二个字依笔顺以"横、竖、撇、点、折"为序排列;以下类推。例如:同姓张—张九如、张大平、张大业、张大生、张大立、张大民、张大成、张大全、张长贵……

有这么几个字:土、干、工、土、于,都是3笔,都是两横一竖("于"的竖钩归为竖),按顺序该怎么排列呢?我们自己没法确定,就要按照《现代汉语通用字笔顺规范》的规定来这样排列:干、于、土、土、工。

(五)现代汉字的部件

1. 汉字部件的概念

在《现代常用字部件及部件名称规范》(由中华人民共和国教育部、国家语言文字工作委员会发布,以下简称《部件名称规范》)中,汉字部件的定义是:由笔画组成的具有组配汉字功能的构字单位,简称"部件"。汉字部件从不同角度可以分为以下5种。

(1)成字部件可以独立成字

例如,"另""吉""唱"中的"口","河""荷""柯"中的"可"。

(2)非成字部件不能独立成字

例如,"简""刚""网"中的"冂","疾""病""疼"中的"疒"。

(3)基础部件最小的、按照规则不再拆分的部件

例如,"男"中的"田"和"力"。

(4)合成部件由多个部件组成

例如,"想""箱""厢""湘""霜""孀"中的"相","倍""部""菩""涪""焙"中的"音"。

(5)单笔部件由一个笔画构成

例如"丛"中的"一"(横),"引"中的"丨"(竖),"系"中的"丿"(撇),"良"中的"、"(点),"买"中的横钩,"艺"中的"乙"(横折弯钩)。

根据以上概念,我们可以说,部件或者笔画与部件是汉字的构字单位。

2. 偏旁与部首的异同

什么叫偏旁?什么叫部首?曾经有过不少大同小异的说法。我们采用最新的国家语言文字规范,即《字符集汉字部首归部规范》(由中华人民共和国教育部、国家语言文字工作委员会发布,以下简称《部首归部规范》)中关于偏旁和部首的定义。

偏旁,合体字的构字单位。旧称合体字左为偏右为旁,今不论左、右或上、下统称作偏旁。

部首,可以成批构字的一部分部件。凡含有某一部件构成的字,在字集中均排列在一起,该部件作为领头单位排在开头,成为查字的依据。

建立部首,是我国东汉杰出的文字学家许慎的发明。他将9353个汉字,按形体偏旁的不同,归为540部,编著了我国第一部字典《说文解字》。许慎的这一创举,对后世字典、辞书的编纂具有极为深远的影响。可以这样说,当今一切汉字文史工具书所使用的部首,都是从许慎的540部演变而来的。

掌握了汉字部首,不仅对查检字典、词典有帮助,而且对理解汉字的字义(词义)及其变化也颇有启发。抓住了部首,就等于抓住了纲,便可举一反三,触类旁通。

部首和偏旁都是汉字的部件,它们之间有联系、有重叠,虽然并不完全相同,但是没有本质区别。一般地说,部首也是偏旁,但偏旁不一定是部首。因为多数部首只是所属诸字的表意偏旁(形旁),而偏旁除了表示字意的以外,更多的是表示字音的(声旁)。此外,还有少数部首是笔画,只是为了检字方便才设为"部"的。

通常情况下,我们都是把它们合在一起称作"偏旁部首";在识字写字教学中帮助学生认识、记忆、书写生字时,使用"偏旁"的说法;在帮助他们学习查字典的时候,则使用"部首"的称谓。

有些字归为同一个部首,查字典词典时,它们部首的名称是一样的。而在识字写字教学中,在进行字形分析的时候,部件的名称往往就要因字而定了。例如"杨""李""架"这三个字,都归"木"部,查字典词典时,都要到"木"部去查;分析字形时则各不相同了:"杨"是"木

旁"，"李"是"木头"，"架"是"木"底（教学时可照顾习惯，变通地称为"木字旁、木字头、木字底"）。

在书后的附录"小学语文教学适用偏旁部首表"中，我们将以《汉字部首表》为主体，设"序号""名称""读音""意义"以及"简要说明"等内容，介绍小学语文教学常用的偏旁部首。

3. 现代汉字部件的数目

现代汉字的部件一共有多少个？人们做过多种统计，结论各异。20 世纪 50 年代，有人根据 8075 个"普通字"做统计，分析出"字根"535 个；20 世纪 60 年代，有人根据《学文化字典》7500 字做统计，归纳出部首和声旁大约 1000 个；20 世纪 80 年代，有人从汉字教学的角度，就 1000 个常用字做统计，所得"部件"数为 700 个。

究竟以何为准？我们采用最新的国家语言文字规范的相关规定，即《部件名称规范》给出的《现代常用字部件表》中的部件的总数。

《现代汉语常用字部件表》是对 3500 个常用汉字逐个进行部件拆分、归纳与统计而形成的，共包括 441 组 514 个部件。而这 514 个部件只包括了《汉字部首表》（中华人民共和国教育部、国家语言文字工作委员会 2009 年 1 月 12 日发布）里的 176 个主部首和 51 个附形部首，还有 74 个（25 个主部首和 49 个附形部首）没有列入其中。那么，部件的总数是 514 个加上 74 个，共 588 个。

还有一个数字，《现代常用字部件表》"说明"中说，为便于应用，本规范给出《常用成字部件表》，只包括 331 个常用的成字部件。这 331 个并不包括因未能收入《现代常用字部件表》中，自然也未能收入《常用成字部件表》之中的 18 个成字部首。而这 18 个成字部首中，"毋、龟、阜"这 3 个字是 3500 个常用字以外的通用字，另外的 15 个（"支、比、齐、羽、麦、走、足、邑、青、齿、音、麻、黍、鼓、鼻"）都在 3500 个常用字之列。如果把它们加上去，常用的成字部件总共应该是 346 个。

(六) 现代汉字的结构

1. 现代汉字的造字结构

有一种研究现代汉字构成的理论认为，现代汉字的构成有两个系统：一是造字法系统（造字结构，也有人称之为内部结构），是就它的构形"理据"而言的；二是笔画偏旁系统（书写结构，也有人称之为外部结构），是就它的构字单位及其组合方式而言的。

关于汉字的造字法，传统中有所谓"六书"的说法，即象形、指事、会意、形声、转注、假借。"六书"的理论萌芽于春秋战国时期，成熟于汉代，它是就小篆及其以前的古汉字说的。

有人以简化了的现行汉字为对象逐个解释字形时，一方面，将形声字分为四种：字与各自的声旁同音（声、韵、调全同）、异调（声、韵相同，声调不同）、双声（声母相同）、叠韵（韵部相同）；另一方面，将传统的"六书"充实、改造而成为"十书"，增补了表意字、表音字、部件字和笔画字这新"四书"。"十书"说发展了传统理论，第一次对汉字的字形进行了科学整理与分析，能充分揭示其内蕴的表意、表音功能，颇有实用价值。

下面我们就来简要地看一看这传统"六书"和新"四书"。

(1) 象形

象形，指描摹实物形状的造字方法，就是把实物的外部轮廓勾画出来，字形象实物的形体，以形表义，让人一看就知道它表示什么。例如：小篆中的"泉"像水从岩穴中流出的样子；"刀"像有把儿的刀（兵器）；"木"是树形；"大"是正面的人形，等等。

(2) 指事

指事，指用象征性的符号表示字义的造字方法，就是用"指点"的方法来表示意义。

指事字有两种情况：

①用纯粹的抽象符号来"指事"，例如甲骨文中，用一横表示"一"，用四横表示"四"，用一条弧线上面加一短横表示"上"，用一条弧线下面加一短横表示"下"。

②在象形字上加指事符号，表明所指的部分，例如小篆中，用一短横（或一点），加在"木"字下部就是"本"（树根），加在"刀"字上就是"刃"，加在"又"（手）字下就是"寸"（即"寸口"，手腕的脉搏处）；用两点加在"大"字（正面人形）两边就是"亦"（"腋"的本字）。

(3) 会意

会意，指集合两个或两个以上的字或符号构成新的合体字的造字方法，就是把两个或几个实物形体的符号（或字）会合起来，从它们的联系或配合上表示出一种新的、通常是抽象的意义。

会意字也有两种情况：

①由两个和几个相同形体组合而成的"同体会意字"，例如小篆中，"从"是二人一前一后，表示跟从；"炎"是火上有火，表示火光大；"卉"是三草相合，表示众草（草的总名）；"磊"是三石结合，表示石多成堆。

②由两个或几个不同形体组合而成的"异体会意字"，例如甲骨文中，"为"字，像人手牵着一只大象，表示"役象以助劳"；"见"字，下边是侧面的人形，上边是只睁大的眼睛（目），表示"看见"；"年"字，字形是人在禾下劳动，本义是"谷熟"；"及"字，像一只手抓着一个人，表示"追及"。

现在的《简化字总表》收有一批新的会意字，例如"体、笔、泪、灶、尘"等。

(4) 形声

形声，指一个字由"形旁"和"声旁"两部分合成的造字方法。所谓形声，"形"即形旁，也叫"形符"或"意符"，表示形声字的字义类属或某种相关的意义，是表意成分；"声"即声旁，也叫"声符"或"音符"，表示这个字该怎么读，是表音成分。例如"衬衫"的"衬"字，"衤"是形旁，表示"衬"属于衣类；"寸"是声旁，表示"衬"和"寸"读音相似。又如"忍耐"的"忍"字，"心"是形旁，表示"忍"是心理活动；"刃"是声旁，表示"忍"的读音。

《简化字总表》中收有一批新的形声字，例如"响、毕、护、惊、优、苹、朴"等。不过就其总体来说，现代汉字中的形声字大多还是从古代传承下来的。

(5)假借

严格地说,假借不能算作造字方法,只是借用已有的字形表示语言中同音不同义的词的用字方法,就是"同声代替"。口语里有这个词,可书面上没有书写这个词的字,不是为这个词造个新字,而是借用一个已有的同音或近音字来代替。

例如:"权"字从木,本义是黄华木,假借为秤锤,又引申为衡量、权衡等;"我",本是一种武器名,后来假借为第一人称代词。

(6)转注

转注跟假借一样,也只能算作用字方法,指读音相同或相近、意义相同的字相互解释。对于转注,历来众说纷纭。一般认为,汉字里凡属于同一部首(形旁),意义相同,可以互相解释,而用声音相近的不同声符标音的一对或一组字,都是转注的结果。例如:

"老、考"在甲骨文中都是像老人持杖之形,又都有"高寿、年纪大"的义项,可以互相解释;

"讽"有"不看着书本念、背书"的义项,"诵"有"大声地念"的义项,"讽、诵"也可以互相解释;

"顶"的义项之一是"头的最上部分","颠"也有"头顶"的意思,"顶、颠"也可相互转注。

以上是"六书"。以下的新"四书",既不是造字法,也不是用字法,而只能是解字法。

(1)表意字

表意字,即声旁失去作用的形声字。例如"庙"字,从"广"(房屋),但"由"已不起表音作用。

(2)表音字

表音字,即形旁失去作用的形声字。例如"宪"字,"先"声,但"宀"只是不能表意的部件。

(3)部件字

部件字,即由无意义的部件充当或再加笔画组成的字。例如"归、厄、反、风"等。

(4)笔画字

笔画字,即不含部件的独体字。例如"书、与"等。

虽然以上只是对传统"六书"与新"四书"的造字、用字、解字等方法的极简单的了解,但对教学工作还是十分有益的。对于有志于进行这方面内容的深入研究的人来说,这种基础知识也是很有用处的。

2.现代汉字的书写结构

前面是关于汉字的造字结构(外部结构)的内容,现在我们来了解和研究汉字的书写结构(内部结构)。

所谓汉字的书写结构,主要包括独体和合体、笔画和笔顺、偏旁和部位等。

了解和研究现代汉字的书写结构,对于汉字的认读和书写,对于查检按笔画和部首编排的字典、词典及其他工具书,对于利用电子计算机自动处理汉字,以及对于我们的语文教学,等等,都是必要的。

(1)独体和合体

从纯粹的字形结构方面分析汉字,首先是区别独体和合体。

什么是独体字?独体字是由笔画组成、不能或不宜再行拆分、可以构成合体字的汉字,三个要素缺一不可。也就是说,独体字是直接由笔画组成、不能或不宜切分出大于笔画的构字单位的。合体字则是由两个或两个以上的独体字或独体字的变体拼合而成的、可以切分开来的汉字。

现代常用独体字规范的原则是:尊重字理、从形出发、立足现代、面向应用。

现代常用独体字必须是符合相关的三个规则的:

一是字形结构符合字理和独体字定义的汉字(如:一、乙、日、月、水、火、山、石、田、土等);

二是符合独体字定义的草书楷化的简化字(如:专、书、东、乐、农等);

三是交重结构,不能拆分的汉字(如:串、隶、事等)。

现代汉字中的独体字,多数来源于古代的象形字和指事字。例如,"日、月、木、刀、又、大"等都是象形字,"四、上、下、本、刃、寸"等都是指事字。

也有少数独体字是由古代的合体字(多为繁体字形)变来的。

什么是合体字?合体字是由两个或几个独体字(或独体字的变体)拼合而成的,例如"明、音、进、房、围"等,它们是可以切分或拆分开的。

现代汉字中绝大部分是合体字,占通用字(7000个)96.3%以上。合体字多数来源于古代的会意字和形声字。例如,"明、林、相(以目看木,表示察看)、从、炎、磊"等都是会意字,"河、忍、零、裳、闻、病"等都是形声字。

也有少数合体字是由古代的独体字变来的。例如,呂(两口中间有一短竖,像脊梁骨之形)、龟(像青蛙之形)、阜(像山坡之形)、泉(像水从岩穴中流出的样子)、牟(牛上加一曲画,表示牛叫时所出的声气)等,都是象形字。

汉字的形体几经变化,特别是经过"隶变"和"楷化",前后变化很大。古代的独体字现在变为合体字,古代的合体字现在变为独体字,这是字体演变的自然结果。

(2)汉字的结构

什么是汉字的结构?根据《现代常用独体字规范》的定义,汉字的结构就是"部件构成汉字的方式和规则"。

部件构成汉字的方式,即现代汉字合体字的结构方式,究竟有多少种?有人设计过几十种图形,上百种图形;也有人统计过确切数字,说"字根的装法却有250种"。

分得太细不便于记忆,也不便于教学上和技术上的应用。汉字结构有独体结构和合体结构之分。汉字的合体结构有12种,分为:上下、上中下、左右、左中右、左上包、右上包、左三包、左下包、上三包、下三包、全包围、镶嵌结构。这是规范。下面我们介绍几种有关汉字结构的归类方法,有的再稍作分析,以利于我们对规范的理解和执行。

有的将汉字的结构概括为"相离关系"(如"信、品"等字),"相接关系"(如"吊、局"等字)和"相交关系"(如"事、果"等字)三种;

有的将汉字的结构概括为"纵列结构"(如"吊、章"等字),"横列结构"(如"相、信"等字),"包围结构"(如"周、国"等字)和"穿插结构"(如"果、夷"等字)四种;

还有一种是我国书法结体形式的传统分法,共分四种:"左右结构"(如"明、部"等字),"上下结构"(如"志、忠"等字),"内外结构"(如"周、国"等字)和"单一结构"(如"日、月"等字)。

之前,我们曾采用过《小学生规范词典》中两类六种的结构分析的提法:独体字;上下结构、左右结构、半包围结构、包围结构和特殊结构。这和现在规范的提法基本一致,只要增加"上中下""左中右",把"半包围"的六种情况列全,再把"特殊"换成"镶嵌"就行了。

下面,依据规范的定义,同时参照书法结体的传统分法,按"左右、上下、内外、镶嵌"四类结构作些简单的分析。

①左右(含左中右)结构

这类结构的字是由左右两部分或左中右三部分组成的。

同是左右结构的字,有的左繁右简,如"勤、剿"等字;有的左简右繁,如"派、搁"等字;有的左右繁简相当,如"酷、颇"等字;有的左高右低,如"扣、红"等字;有的左低右高,如"喻、峰"等字。

同是左中右结构的字,有的左中右大小相等,如"衔、斑"等字;有的左中右大小不等,如"淤、辨"等字。

按照在方格中所占的位置来看,一般主要有这样12种情况:

第一种,左右相当,如"羽"字。

第二种,左窄右宽,如"怜"字。

第三种,左宽右窄,如"引"字。

第四种,左宽右窄,左边上下相当,如"剖"字。

第五种,左窄右宽,右边上下相当,如"悟"字。

第六种,左中右三部分相当,如"彻"字。

第七种,左窄右宽,右边上窄下宽,如"懂"字。

第八种,左窄右宽,右边上下相当,右边上部左右相当,如"滥"字。

第九种,左窄右宽,右边上、中部窄于下部,右边上、中部相当,中部左右相当,如"灌"字。

第十种,左中右三部分相当,中间上下相当,如"衕"字。

第十一种,左、中相当,左、中与右相当,右部上窄下宽,如"喉"字。

第十二种,左右相当,左边上下相当,下部左右相当,右边为上三包,如"飙"字。

②上下(含上中下)结构

这类结构的字是由上下两部分或上中下三部分组成的。

由上下两部分或上中下三部分组成的字,有的上繁下简,如"些、墅"等字;有的上简下繁,如"家、藏"等字;有的上下繁简相当,如"台、需"等字;有的呈"品"字形,如"晶、磊"等字;有的上中下繁简相当,如"菩、意"等字。

按照在方格中所占的位置来看,一般主要有以下这样14种情况:

第一种,上下相当,如"昌"字。

第二种,上窄下宽,如"觉"字。

第三种,上宽下窄,如"旦"字。

第四种,上宽下窄,上边部分左中右相当,如"辔"字。

第五种,上窄下宽,下边部分左右相当,如"霞"字。

第六种,上宽下窄,上边部分左右相当,如"想"字。

第七种,上中下三部分相当,如"意"字。

第八种,上、中相当,上中两部分与下相当(也可这样表述:上窄下宽,下边部分上窄下宽),如"荣"字。

第九种,上窄下宽,下边部分中间宽左右窄,如"苏"字。

第十种,上窄下宽,下边部分左窄右宽,下边部分的右部上下相当,如"簿"字。

第十一种,上边窄,中间和下边大致相当,中间部分左中右相当,如"率"字。

第十二种,上中下相当,上边部分左右相当,下边部分左右相当,如"器"字。

第十三种,上下相当,下边部分左右相当,如"蠡"字。

第十四种,上下相当,上边部分左右相当,如"婴"字。

③内外(即包围、半包围)结构

这类结构的字是由内外两部分组成的,有三种形式。

第一是两面包围的。包括三类。第一类,左上包,如"病、尾、启、房"等字;第二类,左下包,如"这、建、旭、翅、赵、毯、勉"等字;第三类,右上包,如"司、句、可、或、虱、氧、栽"等字。

第二是三面包围的。也包括三类。第一类,上三包,如"同、周、凤、问"等字;第二类,下三包,如"凶、击、幽、函"等字;第三类,左三包,如"区、匹、匣、医"等字。

第三是四面包围的。两面和三面包围都是半包围,不封口;四面包围是全包围,封口。全包围的字,样式比较单纯,尽管里面各式各样,但外旁是统一的大四框,如"四、囱、固、国、图"等字。所不同的是,少数呈扁方形(如"四"字),多数呈正方形(如"国"字)。

按照在方格中所占的位置来看,内外(即包围、半包围)结构一般主要有以下这样12种情况:

第一种,外(左上包)窄内宽,如"库"字。

第二种，外(左下包)窄内宽，如"达"字。

第三种，外(右上包)窄内宽，如"句"字。

第四种，外(上三包)窄内宽，如"同"字。

第五种，外(上三包)窄内宽，内部上下相当，如"间"字。

第六种，外(下三包)窄内宽，如"函"字。

第七种，外(左三包)窄内宽，如"匠"字。

第八种，外(左三包)窄内宽，内部左右相当，如"匦"字(音 guǐ，文言词，义为"匣子、小箱子")。

第九种，外(左上包)窄内宽，内部左右相当，如"厕"字。

第十种，外(上三包)窄内宽，内部左窄右宽，如"阔"字。

第十一种，外(全包围)窄内宽，如"国"字。

第十二种，外(全包围)窄内宽，内部上窄下宽，如"圆"字。

④镶嵌结构

既不是独体字，也不是左右、左中右、上下、上中下结构的字，又不是半包围、全包围结构的字，那就是镶嵌结构的字了。

按照《小学生规范词典》对所收 3800 个字(包括全部常用字)的结构分类，"乘、噩、乖、爽、坐、器、嚣、巫"为特殊结构。现在看来，其中"器、嚣"二字归为上中下结构比较妥当，"乘、噩、乖、爽、坐、巫"六字当属镶嵌结构了。

第二章　小学英语、语文教学课程设计

第一节　小学英语课程与教学设计

一、英语课程标准的基本理念

(一)面向全体学生,注重素质教育

英语课程要面向全体学生,注重素质教育。课程特别强调要关注每个学生的情感,激发他们学习英语的兴趣,帮助他们建立学习的成就感和自信心,使他们在学习过程中发展综合语言运用能力,提高人文素养,增强实践能力,培养创新精神。

注重素质教育,也就是说,英语教育应该与其他学科教育共同努力,促进学生素质的全面发展,提高学生的人文素养,增强实践能力和创新精神。因此,英语课程的目的不仅仅是培养学生的语言能力,而且要培养学生的思维能力、想象能力和创新能力。另外,英语课程还要在教育教学中渗透情感教育,使学生在心智发展的同时,在情感上也逐渐成熟起来。

(二)整体设计目标,体现灵活开放

基础教育阶段英语课程的目标是以学生语言技能、语言知识、情感态度、学习策略和文化意识的发展为基础,培养学生英语综合语言运用能力。《全日制义务教育英语课程标准》(以下简称《标准》)将课程目标设定为九个级别并以学生"能够做某事"具体描述各级别的要求,这种设计旨在体现基础教育阶段学生能力发展循序渐进的过程和课程要求的有机衔接,保证国家英语课程标准的整体性、灵活性和开放性。

(三)突出学生主体,尊重个体差异

学生的发展是英语课程的出发点和归宿。英语课程在目标设定、教学过程、课程评价和教学资源的开发等方面都突出以学生为主体的思想。课程实施应成为学生在教师指导下构建知识、提高技能、磨砺意志、活跃思维、展现个性、发展心智和拓宽视野的过程。

尊重个体差异是指英语课程要充分考虑到学生在现有基础、学习潜能、兴趣爱好、学习风格等方面存在差异的客观现实,既不能机械地用统一的标准来要求每个学生,也不能强迫学生学习单一的学习材料。在英语课程实施过程中应尽可能满足不同学生的学习需要,也就是说,课堂教学设计应考虑学生的多元智力。

(四)采用活动途径,倡导体验参与

本课程倡导任务型的教学模式,让学生在教师的指导下,通过感知、体验、实践、参与和合作等方式,实现任务的目标,感受成功。在学习过程中进行情感和策略调整,以形成积极的学习态度,促进语言实际运用能力的提高。

（五）注重过程评价,促进学生发展

建立能激励学生学习兴趣和自主学习能力发展的评价体系。该评价体系由形成性评价和终结性评价构成。在英语教学过程中应以形成性评价为主,注重培养和激发学生学习的积极性和自信心。终结性评价应着重检测学生综合语言技能和语言应用能力。评价要有利于促进学生综合语言运用能力和健康人格的发展,促进教师不断提高教育教学水平,促进英语课程的不断发展与完善。

（六）开发课程资源,拓展学用渠道

英语课程要力求合理利用和积极开发课程资源,给学生提供贴近实际、贴近生活、贴近时代的内容健康和丰富的课程资源;要积极利用音像、电视、书籍杂志、网络信息等丰富的教学资源,拓展学习和运用英语的渠道;积极鼓励和支持学生主动参与课程资源的开发和利用。

二、小学英语课程标准对教师素质的要求

随着21世纪科学技术的迅速发展和市场经济体制的改革,以及由此带来的各种竞争,每个人都必须具有较高的素质才能生存与发展。素质教育是提高国民素质、培养21世纪合格公民和创新人才的战略举措。素质教育的全面推行对小学教师的知识结构、能力结构有了新的要求,对他们的职业情感道德、教育观念及艺术品质等人文素养也有更高的要求。可以说素质教育是以提高教师素质为前提的。教师的素质是素质教育成败的关键,也是教育事业不断发展的灵魂。新课程体系在教育理念、课程内容、功能、学习方式等方面都有了重大突破,这对小学英语教师提出了严峻的挑战。

小学英语教师应具有哪些基本素质呢?

小学英语教师须具备普通教师应有的思想道德素质、心理素质等人文素养,还需具备语言教师应有的语言文化素养,以及与小学外语教育这一特殊学科相关的专门技能。小学课程内容的综合性特点要求教师要努力改善自己的知识结构、能力结构,使自己具有综合性的能力素养。

（一）小学英语教师的教育专业知识

①努力提高教学艺术。

②要研究和掌握英语教学的一般规律和基本教学原则,熟悉小学英语教学的基本方法,并能灵活运用教学原则和方法提高课堂教学的组织能力和教育实施能力。

无论哪一种教学法都有其本身的教学特点。小学英语教师应了解这些外语教学法的概念、理论观点与特点评价等,结合小学英语教学的特点,合理地选择并综合其优点加以利用,

从而提高教学效果。

(二)小学英语教师的心理素质

心理素质指良好的心理品质和个性特征。它包括广泛的兴趣、强烈的求知欲、稳定的情绪、坚强的意志、活泼开朗的性格和民主的态度、善于与他人合作的精神、创造性等。提高外语教学质量需要高素质的外语教师。过去很多人认为教师只要达到一定的知识水平(专业知识、教育理论知识)和能力水平(观察判断能力、表达能力和教研能力)就能提高外语教学质量。他们都忽视了教师心理素质对教学效果所产生的重要作用。

教师的心理素质与教育教学的成功有着十分密切的关系。一个人要有所作为,与其说是用本身的知识去影响人,还不如说是用自己的思想和行为来培养教育人,教师的人格作为一种巨大的教育力量在潜移默化地影响着学生,这是任何其他教育手段都无法替代的。教师从事的是培养人、塑造人的职业,言传身教是教师开展教育的最有效方法。小学英语教师应热爱自己从事的事业,对待教学工作要有一种强烈的责任感,爱自己的每个学生。教师这种无条件的爱是教师职业道德的根本要求,也是取得教育效果的基本保证。教师一视同仁地对待全体学生,尊重每个学生的人格和个性发展。教师要与学生建立平等、和谐的师生关系。建立良好的情感关系有助于提高教师的影响力,也有助于在教育中正确对待学生的错误,从而避免急躁处理问题而造成不良后果。小学英语教师面对的是一群活泼可爱、充满稚气、思想单纯又有着丰富精神世界和独特个性的孩子,教师要深刻把握每一个学生的精神世界,探索教育者的心灵,用自己良好的心理状态(情感投入、和谐一致、尊重学生)去影响他们形成完整的个性品质。

(三)小学英语教师的教学能力

1. 语言的示范能力

在英语教学中,听、说、读、写既是英语教学的目的,又是英语教学的手段。要对学生进行这几方面的基本训练,教师首先要有过硬的基本功。

①教师应能听辨出每一微小音素的变化与不同;

②教师的语音语调要纯正、流利;

③要有一定的口语能力,能用简练、准确的言语组织课堂教学活动,语言运用要规范、得体;

④板书字迹工整、规范,设计合理并能突出重难点。

小学英语教师必须通过专门的培训,具有英语专科以上的语言水平,而且要有计划地提高英语言语能力,接受继续教育,以便通过再学习、再培训,更新知识,使语言技能更纯熟。

2. 综合教学技能

目前小学英语教材的内容与学生的学习和生活有密切联系,其主要形式是"情景会话",趣味性较强。小学生天性活泼好动,他们学习英语的积极性主要依赖于对它的兴趣,为了使

学生能在真实的语言环境中进行言语实践,克服母语对英语学习的干扰,教师必须具有以下教学技能:

①能唱。结合学生学习的进程编写、教唱学生喜爱的英语歌曲。

②会画。具有四级或五级简笔画的技能,在教学中能运用既有利于教学又能说明问题的简笔画。

③会制作。能设计制作适用于教学的各种教具,包括教学课件、录像、图片等。

④善表演。能充分利用体态语,以丰富的表情、协调的动作表达意义或情感,做到有声有色。英语教师在教学中必须充分发挥自己的技能,增强语言的感染力。这样一来可以给学生以美的感受,激发学生学习英语的兴趣。

⑤能组织课外活动。小学英语教师除要搞好课堂教学外,还要具有组织学生开展英语课外活动的能力,使学生在丰富多彩的活动中发挥自己的特长,提高学习英语的兴趣,进一步提高学习效率。

⑥能操作、使用现代化教学设备。要提高英语教学质量,提高效率,就必须改革过去那种只靠一支粉笔、一本书的"满堂灌"的陈旧教学模式,充分利用教学课件、录像、图片、录音机、电视机、语音室、计算机等各种教学设备,并能熟练掌握操作技能,使之更好地为英语教学服务。

(四)小学英语教师的创新与科研能力

一个小学英语教师应在教学工作中充满生机和活力,富有创新意识和超前意识,对待教学实践中所遇到的问题应经常反思,保持探索的习惯。创新在本质上是一种超越,要越过传统和现实以及自我的障碍,必须有坚韧不拔的意志。意志坚强、不怕困难、勇于创新的良好心理素质对学生创造性的发展有很大作用。教师富有创新意识和创新能力,能使学生在潜移默化的熏陶和感染中不断提高创造力,还能发现学生的创造潜能并为他们提供和创设有利于创造力发展的环境。

21世纪是一个知识经济时代,知识经济对教育的全方位影响给现代教师创新素质提出了严峻挑战。如果把培养学生的创新精神作为我们的教育目标,那么要实现这一目标就必须有一支具有创新意识和创新能力的教师队伍。我们的小学英语教师应站在时代的前列,要对时代的变化有敏锐的感觉,以时代发展的眼光审视当代的教育,善于发现教育中存在的问题,勇于提出教育教学改革的建议。现代科学技术的迅速发展使适应现代科学发展的新知识不断出现,教师要有强烈的求知欲,在教育教学过程中勇于开拓进取。面对新时期的新任务,无论是老教师还是青年教师都需要新观念、新知识、新经验,都要重新认识自己,继续学习,完善自我,要善于学习、钻研、思考、总结,善于根据不断变化的教学对象、教学目标探索新方法。一个善于不断自我更新的学习者才能在教育的发展变革中立足于不败之地。

随着教育创新目标的形成,教育的作用正在发生一种不可逆转的变化。今天我们面对的是传播内容越来越丰富,手段越来越先进,对培养的人才要求越来越高的现状,这就要求教师变知识的传播者为发掘教育资源的向导,变教育的管理者为学生发展的指导者和促进者,这种转变需要教师创新学习,努力探索。总之,课程标准对教师的创新能力和科研能力提出了更高的要求。

小学英语教学改革实验为广大小学英语教师的教学创新与科研提供了广阔的空间。教师职业的特殊性、教育教学工作的复杂性和多变性也为教师发挥其创造才能和从事教育科研提供了极为有利的条件,我国的小学英语教学改革还处在一个发展阶段,许多教学上的问题都值得去探讨、研究。广大小学英语教师要在教学实践当中敏锐地发现教学中的问题,用发展的眼光审视问题的实质,并能提出解决问题的办法,促进教育教学的不断发展。

我国的基础教育改革和发展需要有一支具有较高教育科研素质的教师队伍。因此,教师的教育科研能力也是新世纪教师专业素质的必备条件。大力提倡小学英语教师开展教育教学科研不但是教育改革的需要,而且还是教师自身发展的需要。它能迅速提高教师的教学能力,促进教师的创新品质发展。小学英语教师要成为"科研型""学者型"的教师,必须在教学实践中不断积累经验,不断创新,认真学习新的教育思想,努力研究教育的新问题,使自己的教学形成独特的风格。

三、小学英语教学设计的"三问"

在小学英语教学中,教师的教学观念、在教学准备时思考的重心和方向会极大影响教学的质量、学生的发展质量。为更好地设计课堂教学,教师在英语课堂教学的设计上,必须思考以下三方面的问题。

(一)教什么的问题

教师在设计课堂教学时应尽量将新知识与学生已有的知识联系起来,将教材中的知识与自身拥有的知识联系起来,将教材内知识与教材外的知识联系起来。另外,在不局限于教材内容的基础上,根据孩子的学习兴趣、学习能力,推荐合适的课外阅读材料、精选英文电影,激发他们英语学习的兴趣;同时,改变传统的英语学习方式,依托新兴媒体——包括"微课""英语趣配音""纳米盒"等多种途径,为他们的英语学习提供多元途径,提高语言学习效果。

(二)教多少的问题

在一堂课中,教师教多少知识,学生学多少知识是一个值得深入探讨的问题。因此,如何把握好课堂教学内容的容量与难度是需要教师长期深入探索的重要问题。根据赞可夫所提出的教学的高速度与高难度原则,宁可教多、教难也勿要教少、教易,在此基础上,采用分层教学与小组学习相结合。小组合作学习可以发挥集体作用,在确保所有学生按教学要求掌握底线知识的基础上,筛选出学生学习中存在的问题及掌握不好的知识,让学习速度快、学习效果佳的同学脱颖而出。教师根据不同学生课堂中的表现逐级分层增加知识量及知识的难度,使得学习能力最强的同学达到所能掌握知识的最大化,同时使学习能力较弱的同学也能达到其能获知识的最大化,从而摆脱教学中的"中等生陷阱"。针对这一问题,可以采用熊川武教授提出的"自然分材教学"模式。"自然分材教学"的核心思想是"优生更优,后进生有进步"。后进生不是被贴上标签的后进生,而是暂时的补读生。"自然分材教学"设定了以下操作要领。

1. 设定高于底线的弹性教学目标

即所设定的教学目标的最低点不仅是教学的基本目标,同时也是所有同学必须掌握的目标。紧随底线教学的则是次第提升的弹性教学目标,以保障优秀生获得最大限度的发展与进步。

2. 普读补读,智者先行

为使所有学生达到尽可能高远的教学目标,自然分材教学采取普读,即所有学生依次地学习每一个教学目标,直到最后一个教学目标达成或下课为止。每个能一次性达成某一学习目标的学生被称为普读生,不能一次性达成某一学习目标的学生则称为这一目标学习的补读生。普读生与补读生不断转换,某一目标学习的普读生可能是下一目标学习的补读生,反之亦然,此堂课的补读生可能是下堂课的普读生。

3. 小组合作,问题跟踪

在普读与补读的过程中,小组学习必不可少。同一学习小组内的学生在相互帮助、相互监督、相互促进过程中可发现某一同学学习中的问题,也可使成绩优异的同学脱颖而出。每个学生紧盯自己的问题学习,直到问题解决。

上述教学策略举例旨在说明在科学教学策略与学习策略的指导下及在所有学生学力所及的范围内课堂教学内容应追求最大化,让每个学生在一堂课内学到更多的知识。因此,如何让学生在课堂上学到更多的知识是教学研究的一个核心问题。

4. 相互学习,头脑风暴

在现实中,家庭——特别是城市家庭对孩子的英语学习日益重视,很多中小学生在接受学校教师的教学与指导外,同时还会接受父母(文化层次较高的父母)或校外英语补习班的指导。因此,很多学生的英语层次,水平甚至词汇的范围是不同的。教师要利用学生的这种差异,促成学生之间的相互交流与对话,通过如头脑风暴(词汇联想)英语学习竞赛等方式促成学生之间的相互学习。

5. 学高为师,全英文教学

教师知识的广度与深度影响着学生知识的相应方面。教师英语课堂教学中词汇与语法的丰富与多样程度对学生英语词汇的拓展具有重要的影响。为丰富课堂教学语言,教师必须通过大量英文文献的阅读、收听或观看英文节目,进行口语练习等以提升自己的英语技能、丰富自身的英文知识。与此同时,教师要尽可能地进行全英文教学。学生一开始也许会出现不能全部接受全英文教学的情况,教师可以通过手势、眼神、语气等其他方式辅助并鼓励学生习惯全英教学的英语课堂,从而能够在良好的语言环境中不断提升英文素养。

(三)怎么教学的问题

面对同样的学习任务或知识,教学方法不同,其效率是不同的。为使学生在课堂中学到更多的知识,教师在进行课堂教学及指导学生自主学习时应关注一些细节,采用科学高效的教与学的方法。在教学细节上,教师应关注以下几个方面。

1. 教师教学中应关注的细节

(1)充分利用表情语言

教师在进行课堂教学时,恰当、丰富的表情是提升教学效率与融洽课堂气氛的有力工具。很多(新手)教师的教学效果之所以不能尽如人意,可以说与其不能恰当运用表情语言有关。

首先,眼睛是心灵的窗户、人类情感沟通的重要通道,在课堂教学中恰当运用目光或眼神可以极大提升教学效果。在上课之初要面带微笑环视教室内每个同学的眼神,通过环视让每个学生感受到教师对自己的关注与期待,同时教师也从学生的眼神中获得他们内心的期待、精神、情绪状态等信息,使得师生借助目光获得心灵的沟通。这种目光的环视应贯穿课堂教学的始终。

其次,教师可以充分运用语音、语调与听感引导学生学会表达,同时发现学生思维及语言方面存在的问题。教师授课时对语音,语调的恰当运用不仅可以有效地向学生传递知识,情感及精神信息,同时也可以对课堂进行有效的管理。

为保证学生发音的准确性与流畅性,教师要充分运用自己及学生的英语听感,纠正学生英语发音中的问题并调节学生发音的速度与节奏。一般而言,教师的口语水平越高,发音越准确,越能在学生的口语表达上给予更多的帮助。

(2)利用体验认知,引导学生高效学习

体验认知,也称"体现化",主要指生理体验与心理状态之间有着强烈的联系,生理体验"激活"心理感觉,反之亦然,这一概念可以从以下三个方面理解。

首先,认知过程进行的方式和步骤实际上是被身体的物理属性所决定的。人的感知能力——知觉的广度、阈限——都是身体的物理属性决定的。

其次,认知的内容也是身体提供的。人们对身体的主观感受和身体在活动中的体验为语言和思想部分地提供了基础内容。我们的身体以及身体同世界的互动提供了我们认识世界的最原始概念。例如,上下、左右、前后、高矮、远近都是以身体为中心,冷、热、温、凉也是身体感受到的。以这些身体中心的原型概念为基础,我们发展出其他一些更抽象的概念,如形容情感状态,我们使用了"热情""冷淡""兴高采烈""死气沉沉""精神高涨""趾高气扬",

等等。

　　小学英语教师在进行教学时,要充分利用学生的具体认知由近及远、由具体到抽象引导学生联想、联系,学会相应的单词。

　　(3)尝试各种方法,提升教学质量

　　教学有法,但无定法。小学英语教师在英语教学中尝试、创新教学方法的同时,还要引导学生尝试用各种学习方法学习。例如,小学生在学习英语时最大的障碍在于缺少语言储备,即头脑中没记住多少可用的单词、词组、句子,同时也缺少相应的语感(听、说、思)。在这种情况下,教师要引导学生学会如何高效记忆、运用教材中的词句,如采用阅读与尝试记忆相结合的方法、回忆法、复述法、对话法,在记住所学词句的同时通过与教师、同学的对话对所学词句进行操练。在引导学生记忆与操练的同时,可针对某一句型借助由近及远的词汇联想进行反复练习。

　　借助具体认知典型句型操练法,学生不仅可以迅速提升听说能力,同时可以迅速掌握典型句型并学会大量同类词汇。

　　2.小学英语多媒体教学的审思

　　在当前的小学英语课堂教学中,运用多媒体课件提升教学效果已成为一种时尚。多媒体课件的运用不仅可以省去教师板书的时间,同时可以将讲授的知识与动画、声音、图片完美地融合在一起。从长远的角度来看,因为教学课件稍加修改就可以长时间持续使用,还可以节省教师备课的时间。但教学课件也有其弊端,由于多媒体课件光亮较强、色彩斑斓,如果每个学科的每位教师都使用多媒体课件,可能会损伤学生的视力,而且学生在多媒体充斥的课堂里待得越久,其视力所受的影响可能越大,这一点从学生随年级的增长而近视率提高这一情况中可得到验证。

四、小学英语教学常用的教学方法

　　小学英语教师在进行课堂教学设计时,为高效完成教学任务、提升教学质量或针对学生听、说、读、写某方面重点发展与培养,通常穿插运用以下教学方法。

　　(一)思维导图教学法

　　1.思维导图法的内涵与简介

　　思维导图最先由英国心理学家托尼·巴赞(Tony Buzen)提出。他认为,放射性思维是一种新的以大脑为基础的高级思维形式,而思维导图是放射性思维的自然表达形式。它是在层级和分类的信息组织基础上,从中心主题出发,通过特定的关联展开,由关键词或图形标识分支并充分利用色彩和字体的变化将放射状思维过程和结果变为可视化的工具。思维导图的核心思想就是既运用左脑的词语、数字、逻辑等功能,同时也运用右脑的色彩、图像、符号、空间意识等功能,将思维痕迹用图画和线条形成发散性的结构,从而把形象思维与抽象思维很好地结合起来。思维导图法可在多学科教学中运用,而在英语教学中运用得比较广泛,在国内几乎所有的城市小学英语教学中,思维导图或多或少都有所体现或被借鉴。

思维导图是一种思考的方式,也是一种有效使用大脑的方法。它就像大脑中的地图,完整地将大脑的思维、想法呈现出来,不仅提升工作效率,更让莘莘学子快乐轻松地面对学业。思维导图也是一种全新的笔记模式,因为传统的笔记模式一般都只用到圆珠笔、钢笔、铅笔来书写,很少用到图像及分类。传统的笔记模式一般只调动大脑的2～4项功能,而用思维导图记笔记时,不但用文字和数字,还用到关键词、分类、色彩、图像等。使用思维导图能充分调动整个大脑的功能,左右脑同时打开,并谐调地运作;可以提高人的分析力、记忆力、判断力、想象力和创造力;能综观整体,又能关注细节,让大脑愈来愈灵活,愈来愈聪明。

思维导图是终极的组织性思维工具,而且使用起来非常简单。所有的思维导图都有一些共同之处,它们都使用颜色,都是从中心发散出来的自然结构,都使用线条、符号、词语和图像,都遵循一套简单、基本、自然,易被大脑接受的规则。使用思维导图,可以把一长串枯燥的信息变成彩色的、容易记忆的、有高度组织性的图,它与我们大脑处理事物的自然方式相吻合。它组织信息的方式是非线性的。

2. 思维导图法的优势与特点

思维导图教学法具有以下几个方面的优势与特点。

(1)广泛联想,触类旁通

思维导图顾名思义就是借助画知识体系图引导、优化及展示学习者的思维,不仅使学习者的思维可视化,还能通过优化外在可以改变、优化的知识图形优化学习者的思维方式和内在知识结构,同时也可以促进小学生元认知能力、反思能力的发展,引导其学会将自己内在的思维与外在的图像图形、文字及符号结合起来。

思维导图能将一定范围的知识按照其内在的逻辑关系有机有序地联系起来,不仅可以提高教学、学习及记忆效率,同时可以培养学生的逻辑思维能力及信息关联能力。

(2)跨边越界,充分联想

思维导图除将一定范围的知识按其内在逻辑充分关联外,还可以引导师生将与课堂核心知识相关的知识充分联想、联系起来,使得新知识如磁铁一样将与之相关的知识有机地按一定的逻辑关系充分联系起来。这样师生在教、学新知识时,能借助新知识走进知识的海洋,发展的不仅是师生知识学习,联想与理解的能力,同时也是学生的知识拓展能力。

(3)内思可视,外图内构

在思维导图的生成上存在两个观点。一种认为思维导图是思维外化的一种路径,与人们把自己的想法写出来并反复修改、完善是一个道理。思维导图则是学习者以画图的形式展示自己的思维脉络,有助于学习者思维过程的科学性、流畅性的生成,也有利于了解学习者的思维过程。当思维导图成为学习者思维的一种习惯及一种有效路径时,学习者的学习效率及思考能力、水平则会持续提升。另一种则认为勾勒完美的思维导图是引导者、示范者或教师的责任。教师通过将所要教授给学生的知识通过知识网络、图画、图表的形式展示给学生,学生通过对知识网络、图画、图表的记忆,提升知识记忆效率,更为重要的是可以优化与重塑学生的知识结构。应该说,两种观点有各自的道理,在教学中应将两种观点结合起来。后者强调在学生思维水平,特别是元认知水平或能力较低时,通过给予其既成的思维导图引导学生学会思考,提高学习效率。当学生掌握了思维导图的方法和原理后,教师可以引导学生通过自做的思维导图完成学习任务或解决学习中所遭遇的问题。

综合复习板块不是简单地对词汇、句子和课文进行重复教学,而是要深化和提高学生对英语语言的认识并能综合运用。该环节在复习本单元的学习内容时,就是借助思维导图建构知识框架,进而引导学生根据思维导图尝试复述,实现语言的熟练运用,为下一步语言的迁移活用做好铺垫。

(二)全身反应法

1. 全身反应法的内涵与简介

全身反应法是美国加州圣何塞州立大学心理学教授詹姆斯·阿歇尔(James Asher)于20世纪60年代提出的一种教学方法。全身反应法倡导把语言和行为联系在一起,通过身体动作教授语言。这种方法使孩子们可以水到渠成地完成从听到说的学习过程。全身反应教学法强调理解先于开口,学习应该从多听有意义的言语开始,并允许以非语言形式回应,最后才要求用语言表达。教师通过自身的肢体语言将教学中的单词、句型及儿歌、游戏等表达出来,使学生不通过母语翻译便能够理解教师的语言。

阿歇尔分析研究母语实现的过程,倡导把"语言"和"行为"联系在一起,通过左右脑的共同协调训练建立语言思维,达到掌握外语的目的。具体实现方式是:语言学习者通过听到一个外语指令,用身体动作对它做出对应的反应,从而使听者逐渐自然建立语言能力。最典型的例子就是当听到"stand up"就从座位上站起来,听到"touch your nose"就去摸自己的鼻子。运用更多的手势和简单的实物教具,全身反应法完全可以展示动词的不同时态以及复杂的句子形式,因此它强调要在真正的情景里面进行教学。根据语言学习本身的规律,从小孩学语言的角度来看,首先是要学习听的能力,然后在这个基础上逐步发展说的能力,再发展读和写的能力。全身反应法就是强调首先培养学生听的能力,要大量听一段时间以后,达到一定的基础了,到小孩子愿意说了,就水到渠成地开始说了。这样学生说得不紧张,说得很自然,是在输入的基础上再来输出的一种方式。

2. 全身反应教学法的具体实施

(1)热身活动

"Warming up"相当于英语课堂中的热身和启动,它是一节课的序幕,是教师讲授每一节课时给予学生的第一感知,是优化学生心境和语言学习环境的重要手段。其目的在于激活学生的思维、吸引学生的注意力、调控学生的情绪,为开展新语言学习做好知识、技能、心理和环境上的准备。教师可自编一些歌谣并配上相应的动作作为热身活动。

学生既能说又能动,不亦乐乎,从而起到酝酿情绪,渗透主题和带入情境的作用,保证学生上课一开始就能积极主动并始终有效地参与课堂学习。

(2) 单词教学

小学英语教学中,单词教学是必不可少的一个重要环节。由于小学生年龄小,好玩,不愿把更多的精力花费在记单词上,几乎所有的小学生一提起英语单词,就感到很头痛。因此就要求教师注意教学方法,充分调动学生的学习积极性,把单词教学贯穿到娱乐之中,使学生学起来不感到枯燥、乏味,激发他们的学习兴趣,使他们每个人的学习才能得以充分发挥。经过实践,应用全身反应教学法,可以调动学生的各个感官,让单词教学生辉不少。如,在学习英文数字单词时,可以让学生通过手指做手势做出对应的数字,教师和学生一起边做边说,调动学生的多种感官,激发学习兴趣,提高学习效果。

(3) 短语教学

在短语教学中,也可以应用全身反应教学法,而且小学英语课本中出现的基本上是动词短语,用起全身反应教学法来更是得心应手,教师教得轻松,学生也学得轻松。如在 PEP 7,Unit 2,Part B 中学习"turn left""turn right""go straight"这 3 个表示方向的短语时,为了降低学生的学习难度,集中他们的注意力,教师可以先示范给学生看,一边做动作,一边说英语,接着让学生跟着做动作,然后,教师喊口令,学生做出相应的动作,最后同桌再进行练习。这样,学生就在动一动、说一说实践中较快地掌握这几个英语短语,并且记得也比较牢。

(4) 句子教学

假如你碰到一个小学生,你问他"苹果"用英语怎么说,他会很快给你一个满意的答案"apple"。假如你再问他"红苹果"怎么说,他会迟疑一下,然后再迟疑地告诉你"red apple"。假如你再问他"这是一个红苹果"怎么说,他会迟疑半天也吱不出半句。可见,学习英语句子对小学生来说是非常难的一件事。在小学英语教学中,句子教学却是一项重要的内容,它贯穿整个小学英语教学的始终。在教学实践中,教师运用 TPR 教学法,可以使句子形象化,简单化,学生易懂易学。例如,在学习"I can see a bird in the sky. I can't see a duck in the river."这两句话时,让学生边说边做动作,扮演飞翔的小鸟,扮演可爱的鸭子,扮演弯弯的小河,扮演蓝蓝的天空,学生们兴趣盎然,完全没感觉到学习句子的困难,相反,他们觉得轻松自在,降低了紧张的情绪,一个个争先恐后地叫着"Let me try! Let me try!"。

3. 全身反应法教学常用词汇

为了有效开展"全身反应法教学",教师有必要掌握全身反应教学法的 1000 个典型词汇。下面给大家一个全身反应教学法常用 500 词和短句表中的 100 个词,大家先体会一下。

每个学生都是一个特殊的个体,就接受知识和学习知识的方法而论,他们各有不同的优势和弱点。例如,在接受外部信息方面,有的学生使用听觉通道,学习效果较好,一听就懂;有的学生的视觉通道胜过听觉,凡事过目不忘;在表达方面,学生们同样存在各种差异。所以,全身反应教学法重视包括视觉、听觉、触觉在内的多种感官在学习中的作用,这是很有道理的。全身反应法很适合英语教学,可以很容易地调动起学生的学习积极性,配以适当的阅读训练,可以使孩子学习英语的兴趣和水平都得到提高。

(三)直接法

1.直接法的内涵与简介

直接法也叫自然法、心理法、口语法、改良法,是一种教学方法,由美国人赛格弗里德·英格尔曼(Siegfried Englmann)于20世纪60年代创立,可应用在许多学科。直接教学法的主要特点是课堂上只用所学语言,让学生记住教师口授给他们的句型。学生通过反复模仿来熟悉某种结构和句型。教学过程中不用母语,教师借助一些直观教具、手势、戏剧效果以及许多其他手段来表达所学语言的意思。人们已经创造了许多特殊的方式教授语言,可以不用母语,不依靠翻译。直接教学法对师生双方的要求都很高。

直接教学法提倡在教室中直接以第二语或目标语来沟通或教学。

传统的文法——翻译法往往过度强调母语在第二语言学习时的重要性,并且过于强调文法知识的记忆。在这样的学习方式下,学生常常无法有效地运用所学的词汇或文法知识来沟通。直接教学法特别针对文法——翻译法的缺点,从一开始就很重视学生听说沟通能力的培养,拒绝填鸭式的文法规则教学,强调语言的自然学习。因此,本教学法又叫做反语法。

直接教学法遵循一定的原则,认为第二语言学习要成功就要遵循母语(第一语言)的学习模式。因此,就听说读写的学习顺序而言,直接教学法的支持者强调学习第二语言时,听说能力的培养应优先于读写能力的培养(我们学习母语时,也是先学会听说,再去学习文字的读写)。也就是说,学生对一个词的发音很熟悉之后,教师才让他们学习如何认字阅读和书写。因此对直接教学法来说,4种语言技巧的学习顺序应该是:听→说→读→写。准确发音的养成在一开始就要很重视,同时强调4种技巧的练习将会对学生的学习造成困扰。这样的思考也表现在课堂活动的操作上,如听写活动是直接教学法常用的教室活动之一。老师会要求学生在"写"之前,先专心听一次内容;念第二次时再写下他们所听到的课文内容。此外,为了让第二语言学习环境更接近母语学习环境,直接教学法还对课堂教学提出了两点具体建议。第一,课堂中禁用母语。母语学习者因为没有其他语言的干扰,母语的学习才能如此成功。因此,直接教学法的支持者认为,第二语言的学习也应将学生其他语言(母语)的干扰减到最低,老师不用母语来解释、翻译或分析。若老师允许学生遇到沟通困难时就依赖母语,那就剥夺了学生学习中以第二语言沟通的机会。第二,就文法而言,外语学习应避免文法规则的解释或记忆,因为在母语的学习环境中即使不特别去记忆或是分析文法规则,也能从单纯的自然接触中学习母语的文法规则。因此,在学习第二语言时,老师也应以同样的方式介绍文法,具体如下:

①提供学生大量的范例和语料让学生自然而然从每天所接触的语料资讯中直接归纳出文法。第二语言学习者的文法或词汇量有限,并不代表他们的认知能力也有限。他们也可

以和母语学习者一样去归纳学习第二语言的语法。

②教师在课堂上不分析或说明文法,因为文法一旦以"规则"的形式储存在学生的记忆中后,学生就无法在"文法"和"意义"之间作直接的联结。当第二语言学习者无法在所学习的文法和意义间作直接的联结时,所学到的知识便无法自动转化成为沟通过程中立即可用的资源。

③本教学法对单词的重视远远胜过文法。在单词教学时,教师不会仅以"单词表"的方式呈现词汇,且会尽量将单词呈现在有意义的句子或段落中。这样,学生才能将单词的自然使用情境一并记忆在脑海中。唯有将单词储存在他们的"活用词库"中,才不会成为一堆看到时认得但没办法立即用在沟通过程中的零碎词汇。在和学生互动的过程中,老师应随时注意学生是否能正确地把单词应用在完整的句子中。

④教师在教学中充当学生学习的伙伴。教师虽然主导了大部分的课堂活动,但他们在教室中扮演的角色,却是学生的伙伴,而非权威的指导者。基于这样的角色,教室中问题的答案可同时来自教师和学生,某个学生有疑问时,教师可以选择自己回答或把问题丢给其他学生。此外,由于本教学法中,教师禁止使用母语,在学生有疑问时,教师尽量以示范代替解释或翻译。这意味着教师要有极佳的创意,丰富的想象力,表达能力,脸部表情和肢体动作,更要有足够的活力随时在课堂上应付学生的疑问。当学生犯错的时候,如果学生自己没有察觉错误或不知如何改正,教师会立即提供学生正确答案。

2.直接法的优缺点

直接法的优点:

①采用各种直观教具,广泛运用各种接近实际生活的教学方式,有助于用外语思维能力的培养。

②强调直接学习与直接应用,注重语言实践,能极大激发学生学习的兴趣与积极性。

③重视口语与语音教学,能有效培养学生语言运用能力。

直接法的缺点:

①排斥母语;使学生对一些复杂与抽象的概念难以理解。

②没有明晰的语法解释,导致学生说出的话中语法错误较多。

(四)任务型教学法

1.任务型教学法的内涵与简介

任务型教学是指教师通过引导语言学习者在课堂上完成任务来进行的教学。国外学者提出针对二语教学将任务教学划分为不同阶段。威利斯(Willis)提出的设计模式包括以下3个阶段:任务前阶段、任务环阶段和语言聚焦阶段。他更注重的是任务环阶段,认为学生的能力提高主要发生在这个阶段。针对我国的教学实际和学生的认知心理特点,我国学者任晓龙也提出了不同的任务型教学设计模式,将任务设计模式分为4阶段:1)任务呈现;2)学习任务;3)运用任务;4)任务反审。他强调了任务反审这一阶段,认为此阶段关系到学生能力质的变化,认为再次重复任务可以加强学生的知识内化。他总结任务前、任务中,任务后可以根据听说读写不同的任务列出具体的活动步骤,更具指导性。

(1)任务前阶段

在此阶段,教师要有效地向学生进行主题介绍,要完成好以下3个步骤:

①通过生动有趣的事例进行课堂导入。

②向学生介绍任务指令和任务目标,使学生明确任务的时限。

③进行初步的任务示范,条件允许的话,可以让能力较强的学生进行示范。

(2)任务中阶段

教师要按照任务环节的数量合理地安排时间,还要根据任务的难易程度进行有效的分组。应注意以下3个方面:

①教师要合理地引导学生完成任务,但不要过多地干预学生的合作,只在必要的时候给予支持,当然还要控制好课堂秩序。

②给学生足够的时间进行任务汇报,但也要尽量照顾到大多数的学生,使更多的学生有机会表达自己。

③要进行多元化评价,引导学生进行自评。

(3)任务后阶段

此阶段要对语言点进行有选择的精讲,不再是单纯地对任务进行复述,还要合理地控制练习的数量和难度。

总之,任务型教学基本上都强调了学生的主体地位,明确了教师的主导作用,是一种满足学生和社会需求的教学法。教师要以此为依据设计任务,学生运用小组合作等方式完成任务,在这个过程中丰富自己的语言知识。在教学活动中,教师应当围绕特定的交际和语言项目,设计出具体的可操作的任务,学生通过表达、沟通、交涉、解释、询问等各种语言活动形式来完成任务,以达到学习和掌握语言的目的。任务型教学法是吸收了以往多种教学法的优点而形成的,和其他的教学法并不冲突。

2. 任务型教学法的优缺点

(1)任务型教学法的优点

①完成多种多样的活动任务,有助于激发学生的学习兴趣。

②在完成任务的过程中,将语言知识和语言技能结合起来,有助于培养学生综合的语言运用能力。

③促进学生积极参与语言交流活动,启发想象力和创造性思维,有利于发挥学生的主体性作用。

④在任务型教学中有大量的小组或双人活动,每个人都有自己的任务要完成,可以更好地面向全体学生进行教学。

⑤在任务型教学活动中,在教师的启发下,每个学生都有独立思考、积极参与的机会,易

于保持学习的积极性,养成良好的学习习惯。

(2)任务型教学法的缺点

①课堂效率低,难以保证大班课堂教学任务的完成。任务型教学以学生的学习为中心,把课堂学习的主动权交给了学生,虽然教师可以根据课堂实际情况对课堂进度进行调控,但由于目前班级的实际情况(大多数班级人数在50左右,农村学校甚至更多),课堂所设计的任务或项目一般都很难在规定的时间内完成。

②课堂的组织和任务的设计与实施过分依赖教师的教学能力和教学水平,故在目前很难保证大面积的教学质量的提升。

③课堂中学生的个体活动难以有效监督和控制,反馈效率低。任务型课堂教学的特点就是把课堂活动任务化,让学生在通过完成一系列的任务中学习语言知识。而在实际教学中,当教师布置了任务并分好小组进行时却往往发现部分学生在交流中并没有使用目的语,而是用母语。

以上是教师开展英语课堂教学常用的方法,运用哪种教学方法或将哪几种教学方法结合起来运用不仅取决于教学内容和任务类型,同时也受教师专业素养水平,教学风格及教学观念的影响。

第二节 小学语文课程与教学设计

一、小学语文课程

(一)小学语文课程基本含义

《语文标准》共有四个部分:第一部分为"前言",涉及对课程性质、课程基本理念、课程设计思路的阐述;第二部分为"课程目标与内容",包括总体目标与内容、学段目标与内容;第三部分是"实施建议",包括教学建议、评价建议、教材编写建议、课程资源开发与利用建议;第四部分是"附录",包括优秀诗文背诵推荐篇目,关于课外读物的建议,语法修辞知识要点,识字、写字教学基本字表和义务教育语文课程常用字表。

(二)要点理解

1. 小学语文课程的基本理念

(1)全面提高学生的语文素养

语文素养是以语文知识为基础,语文能力(识字、写字、阅读、写作、口语交际)为核心,是语文能力和语文知识、语文积累(文化底蕴)、审美情趣、思想道德、思想品质、学习方法和习惯的融合。不仅表现为有较强的阅读、写作、口语交际的能力,而且也表现为有较强的综合运用能力——在生活中运用语文的能力以及不断更新知识的能力。

(2)正确把握语文教育的特点

关注人文性;突出实践性;凸显民族性;强调感悟性。

(3)积极倡导自主、合作、探究的学习方式

①自主性

学生学习的过程是主动建构知识的过程,学生以自己已有的知识、经验为基础,对新的知识信息进行加工、理解,由此建构起新知识的意义,同时原有的知识经验又因为新知识经验的进入而发生调整和改变。在这种作用中,包括了主体对知识客体的选择、分析、批判和创造。

②合作性

需要加强学生之间的交流与合作,使他们互相取长补短,知识变得更加丰富,能力更加全面。此外,除了学生之间的交流与合作外,还有教师与学生的交流与合作。教师加强与学生的交流合作,对学生有指导意义。

③探究性

探究学习理论强调,教学过程就是在教师的引导下学生自主发现的过程,要求学生主动地学习,强调要自我思考和探索事物。在语文教育中,强调探究学习,可以使学生在更高的层面上进行学习。

(4)努力建设开放而有活力的语文课程

语文课程的建设应继承我国语文教育的优良传统,注重读书、积累和感悟,注重整体把握和熏陶感染;同时应密切关注现代社会发展的需要,拓宽语文学习和运用的领域。

语文课程应该是开放而富有创新活力的,要尽可能满足不同地区、不同学校、不同学生的需求,确立适应时代需要的课程目标,开发与之相适应的课程资源,形成相对稳定而又灵活的实施机制,不断地自我调节、更新发展。

2. 小学语文课程性质与目标

(1)小学语文课程性质

工具性与人文性的统一,是语文课程的基本特点。这明确了小学语文课程的性质就是工具性与人文性的统一。语文课程的工具性是源于语文的交际功能,而其人文性是因为语文是人类文化的组成部分。

工具性:就是指"听、读"和"说、写"这两方面能力,即输入能力和输出文化性:语文是文化,它负载着文化,传承着文化,本身也是一种文化。

基础性:首先,小学语文是学习者学习各科知识和终身学习的基础;其次,小学语文为学习者服务社会、学会做人打下基础。

注重工具性和人文性的统一,这是由语文学科的终极育人目标、语文学科的固有特征以及学生发展需求所决定的。实现工具性与人文性的统一,就必须要尊重学生个性化的理解;

要体现语文课程的文学性特点;要明确语文课程所传递的不仅仅是工具性质的信息,更重要的是其中的思想、情感力量;语文课程最根本的学习目的是在加强语文积累的过程中塑造人的心灵,恰当地、准确地运用语言文字来表达自己的心灵世界。

(2)小学语文课程目标

对课程目标的解读可以从两个方面进行:一是从纵向看,包括"总目标"和"学段目标"。总目标一共有十条,是语文课程所涉及各方面的总规定。"学段目标"则对不同学段进行了规定。二是从横向看,包括识字与写字教学、阅读教学、写作教学、口语交际教学、综合性学习等五个板块。

①义务教育语文课程总目标

《语文标准》提出的义务教育阶段的语文课程总目标共十条:

第一,在语文学习过程中,培养爱国主义、集体主义、社会主义思想道德和健康的审美情趣。发展个性,培养创新精神和合作精神,逐步形成积极的人生态度和正确的世界观、价值观。

第二,认识中华文化的博大,汲取民族文化的智慧。关心当代文化生活,尊重多样文化,吸收人类优秀文化的营养,提高文化品位。

第三,培育热爱祖国语言文字的情感,增强学习语文的自信心,养成良好的语文学习习惯,初步掌握学习语文的基本方法。

第四,在发展语言能力的同时,发展思维能力,学习科学的思想方法,逐步养成实事求是、崇尚真知的科学态度。

第五,能主动进行探究性学习,激发想象力和创造潜能,在实践中学习和运用语文。

第六,学会汉语拼音。能说普通话。认识3500个左右常用汉字。能正确工整地书写汉字,并有一定的速度。

第七,具有独立阅读的能力,学会运用多种阅读方法。有较为丰富的积累和良好的语感,注重情感体验,发展感受和理解的能力。能阅读日常的书报杂志,能初步鉴赏文学作品,丰富自己的精神世界。能借助工具书阅读浅易文言文。背诵优秀诗文240篇(段)。九年课外阅读总量应在400万字以上。

第八,能具体明确、文从字顺地表达自己的见闻、体验和想法。能根据需要,运用常见的表达方式写作,发展书面语言运用能力。

第九,具有日常口语交际的基本能力,学会倾听、表达与交流,初步学会运用口头语言文明地进行人际沟通和社会交往。

第十,学会使用常用的语文工具书。初步具备搜集和处理信息的能力,积极尝试运用新技术和多种媒体学习语文。

②语文课堂教学的三维目标

教学目标一般包括三个维度,即知识与能力,过程与方法,情感、态度与价值观。知识与能力目标是指期望学生应当具有的最有价值的知识及其结构。一般用"识记—理解——般应用—综合应用—创造性应用"等水平层次进行分解和表达。

过程与方法目标是指学生对期望学习成果的有意义建构过程。一般按"经历—体验—发现探究—建构"等认知活动层次分解和表达。

情感、态度与价值观目标是指伴随着对学科知识技能的反思、批判和运用,学生在包括情感、习惯、意志、动机、价值观、道德等各个方面的个性倾向的提升。一般用"愿意—乐意—主动反应—价值判断"等心理活动层次分解和表达。

(3)小学语文课程内容的逻辑关联

语文课程基本内容包括"识字与写字""阅读""写作""口语交际""综合性学习"五大块。在第一学段增编汉语拼音教学(同时认识70个常用字)、归类识字,五、六年级各册各增编一个单元的综合性学习外,每一册教材都以主题为逻辑中心,将识字与写字、阅读、写作、口语交际、综合性学习等教学内容有机地整合在一起。

(4)《语文标准》提出的实施建议

①对教学的建议

《语文标准》提出的教学建议分两个部分:

一是总体建议,包括:充分发挥师生双方在教学中的主动性和创造性;在教学中努力体现语文的实践性和综合性;重视情感、态度、价值观的正确导向;重视培养学生的创新精神和实践能力。

二是具体建议,分别对"识字、写字与汉语拼音教学""阅读教学""写作教学""口语交际教学""综合性学习"以及"语法修辞知识"提出了若干具体的建议。

②对评价的建议

《语文标准》强调:评价的根本目的是为了促进学生的学习,改进教师的教学。对评价的建议分两个部分:一是总体建议,包括:充分发挥语文课程评价的多重功能;恰当应用多种评价方式;注重评价主体的多元与互动;突出语文课程评价的整体性和综合性。二是具体建议,分别对"识字与写字""阅读""写作""口语交际"以及"综合性学习"提出了若干具体的评价建议。

③其他建议

《语文标准》对教材的编写提出了十条建议,涉及教材内容的选择与组织、编排与呈现等各个方面。对课程资源的开发与利用提出了四条建议,广泛涉及各种课堂教学资源和课外学习资源。

二、小学语文教学设计依据

(一)基本内涵

1. 依据《语文标准》进行设计

(1)识字教学心理

《语文标准》中关于"知识与能力"的要求是,始终加强语文基础知识的学习和基本技能的训练。常用的表现方式有七种:

第一,通过多次简单反复的认读,直接建立字形与音、义之间的联系。

第二,利用字形所在的位置,即以字在书页上所处的相对位置作为中介,联想起这个字的发音。例如,"旗"是课文某一页红旗图下的第二个字,符合"旗"字所在的位置,想起它的读音。

第三,通过该字与某一熟字常在一起出现而引起的联想。例如,看到"吉祥"二字,由于认识"吉"字,于是联想起它后面的"祥"字。

第四,通过学生自己独特的经验联想作为记忆的支柱而联想到字音。例如,有的学生记忆"六"字时,用"一点一横,两眼一瞪"记住了这个字的字形。

第五,把字形与某一些具体事物联系起来,使字形本身形象化或赋予,字形本身的意义来帮助辨认和记忆。例如,有的教师教"笔"字,指着字形说:"竹竿下面加上毛,就成了笔。"于是,学生就很轻松地记住这个字了。

第六,借形声字已经建立起来的形、音关系,联想它的相关字的读音。例如,认识了"清",就很容易辨认和识记"晴、请、情、睛、青"等字。

第七,借形声字形、义之间已经形成的联系来帮助辨认和识记。例如,已掌握了形声字"湖"后,学生见到"胡"就会想到湖水的"湖"了。

(2)写字教学心理

一般来说,写字技能的形成过程分为四个阶段:

第一,手、眼不协调的书写阶段。

第二,初步协调的书写阶段。

第三,比较熟练的书写阶段。

第四,书法技巧的初步形成阶段。

小学阶段,学生写字技能的形成是从手眼不协调到协调,从不熟练到熟练,从不灵活到灵活的循序渐进的过程。

(3)阅读教学心理

从心理学的角度看,阅读是一种从书面符号中获取意义的心理过程。阅读活动不是机械地把原文读出来,而是通过内部言语,用自己的话来理解和改造原文的语句或段落,把作者的思想变为读者的思想。因此,阅读是由感知、记忆、思维、想象以及判断、推理、评价、解决问题等智力行为构成的认知过程。

首先,它有利于体现语文课的特点,提高学生对语言文字的理解力。对语言文字的理解不能只停留在表面,而是要深入理解它的意义,体味其中的情味。

其次,重视语感的培养,可以把抽象思维和形象思维结合起来,有利于发展学生的认知能力。

再次,重视语感培养,可以展现语文课的人文性。语文课的特点就是熏陶感染,潜移默化。因此,阅读教学切忌脱离语言文字,架空思想地说教。

(4)写作教学心理

学生写作的过程是一种复杂的心理过程,它涉及注意、感知、记忆、想象、思维、情绪等多种心理活动,学生写作能力的形成不仅需要观察能力、思维能力、想象能力,而且还需要有较强的阅读能力,因为审题、选材、布局、谋篇乃至用词、造句和修辞能力都是通过阅读获得的。

2. 依据语文教学内容和相关教学法进行设计

对学科内容的透彻理解是教师进行教学设计的基本前提。首先,要求教师能够确认并解释本学科的关键概念和掌握基本技能。其次,了解本学科的全部知识和细节。最后,熟悉当前学科内容的课程方法。

(1)汉语拼音教学

《语文标准》对汉语拼音教学的建议:《语文标准》将汉语拼音的学习目标准确地定位在帮助识字和学习普通话上。这对汉语拼音教学提出了更新、更灵活的要求,即汉语拼音教学尽可能有趣味性,以活动和游戏为主,学说普通话与识字教学紧密结合。

汉语拼音教学的策略有:

①利用教材中的情景图和语境学习声母和韵母。

②设计游戏,让学生在快乐中学拼音。

③突出主体,让学生成为学习拼音的小主人。

(2)识字教学

《语文标准》对识字教学的建议:《语文标准》在"教学建议"中对识字教学提出了这样的建议:识字教学要将儿童熟知的语言因素作为主要材料,同时充分利用儿童的生活经验,注重教给识字方法,力求识用结合。运用多种形象直观的手段,创设丰富多彩的教学情境。

识字教学的策略有:

①遵循儿童的认识规律。

②识字教学要符合字理。

③灵活运用多种识字方法,拓宽识字渠道。

(3)写字教学

《语文标准》对写字教学的建议:《语文标准》在"教学建议"中对写字教学提出了三个方面的要求:"写字教学要重视对学生写字姿势的指导;引导学生掌握基本的书写技能;养成良好的书写习惯。

写字教学的策略有:

①把握好标准,按照阶段目标进行写字训练。

②激发写字兴趣,教师应采用灵活多样的方法来激起学生的写字兴趣。

③改进写字课教学。

(4)阅读教学

阅读是搜集处理信息、认识世界、发展思维、获得审美体验的重要途径。阅读教学是语文教学的重点。搞好了阅读教学,可以说语文教学就成功了一大半。

《语文标准》对阅读教学的建议:《语文标准》在"教学建议"中对阅读教学的要求主要有:"阅读是学生的个性化行为,不应以教师的分析来代替学生的阅读实践。应让学生在主动积极的思维和情感活动中,加深理解和体验,有所感悟和思考,受到情感熏陶,获得思想启迪,享受审美乐趣。要珍视学生独特的感受、体验和理解;阅读教学的重点是培养学生具有感受、理解、欣赏和评价的能力;逐步培养学生探究性阅读和创造性阅读的能力;培养学生广泛的阅读兴趣,扩大阅读面。"

阅读教学的策略有:

①打破"权威",实现"对话"。

②突破分析"训练",重视"读""诵""积""悟"。

③突破"二元"分离,实现"三维融合"。

(5)写话和写作教学

《语文标准》对写话和写作教学的建议:《语文标准》关于写作的总目标是:"能具体明确、文从字顺地表述自己的意思。能根据日常生活需要,运用常见的表达方式写作。"在阶段目标部分,第一学段(小学低段)称为"写话",第二、第三学段(小学中、高段)都称为"写作"。

写话和写作教学的策略有:

①明确目的,提高写作兴趣。《语文标准》在各个学段的教学目标中,明确提出了培养学生写作兴趣的要求。第一学段:"对写话有兴趣,写自己想说的话,写想象中的事物,写出自己对周围事物的认识和感想。"第二学段:"留心周围事物,乐于书面表达,增强写作自信心。""愿意将自己的写作读给人听,与他人分享写作的快乐。"第三学段:"懂得写作是为了自我表达和与人交流。"

②开放课堂,关注社会生活。

③淡化技巧,养成勤于写作的好习惯。

(6)口语交际教学

《语文标准》对口语交际教学的建议:《语文标准》明确提出了义务教育阶段口语交际教学的总目标:使学生具有日常口语交际的基本能力,在各种交际活动中,学会倾听、表达与交流,初步学会文明地进行人际沟通和社会交往,发展合作精神。

口语交际教学的策略有:

①创设交际情境,激发学生交际的兴趣。

②拓宽实践的途径,提高学生口语交际的能力。

③注重互动过程,让学生真正成为交际的主人。

3. 依据学生的学情进行设计

新课程强调学生的发展,强调教学的最终目的是为了学生的发展,教师的一切教学行为都是为学生的"学"服务的。这就意味着教师的"教"必须关注学生的"学",必须准确把握学生真实的学习状况。只有这样,才能在教学中真正促进学生的有效学习,实现其主动发展。

了解学生的学情,主要包括以下几点:

第一,学生的认知现状及学习风格;第二,学生的"最近发展区";第三,了解学生的学习团队——学生共同体的构成与智能状况;第四,对学生已有学习策略的了解。

4. 依据学生的生活进行设计

教师在进行语文教学设计时要紧密联系当下的社会环境,联系学生的日常生活,抓住各种教育契机创设有意义、有价值、符合少年儿童身心发展规律的语文实践活动,让学生把书本中学到的知识同自己的生活实际联系起来,在发现生活的奇妙与丰富的同时,学会吸取和创造、质疑和批判,使语文教学设计走向更加广阔、开放的空间。

(1)从理念上总体把握语文课程的生活化

语文教师在进行教学设计时,应有意识地以语文课堂为中心,把学生的语文学习向生活的相关领域拓展,让语文学习的触角延伸到学生生活的各个领域,做到课内学习与课外生活紧密结合,让语文教学形成一个辐射型的整体网络结构。

(2)语文课程内容的生活化

在进行语文教学设计时,教师要考虑到各种教学资源的作用和价值,使教学资源得到充分的利用,使语文教学努力向学生的生活领域拓展,全面提高学生的语文素养。

(3)语文教学方式的生活化

语文教学方式的生活化,就是通过创设丰富的生活情境,强化学生的生活体验,加强语文教学的实践性和开放性,使学生在生活中或生活化的情境中学习语文,并将语文知识和能力在实际生活中加以创造性地运用,从而提高学生的语文素养。

三、教案设计与编写

(一)教案定义

教案通常是教师为某一节课而拟定的上课计划,是把教学设计的内容书面化的过程。教案是以学生为中心,围绕学生在学习过程中遇到的学习问题而展开的教学设计。

(二)要点理解

教案具有鲜明的目的性、科学的计划性和有序的系统性,而不是一般的教学经验和案例。它是不断循环往复的过程,包括检测、反馈、修正及再实施的认识深化过程。这个过程特别讲究科学性和创造性。

(三)考点拓展与学法指导

1.教案的基本内容

一般来说,教案包括以下几个方面。

(1)课题

课题即本课所授课的名称。

(2)教学目标

教师只有明确了教学目的,才能使"教"有的放矢,使"学"有目标可循。教学目标在教案中要明确、具体、简练。具体包括知识与技能目标、过程与方法目标、情感态度与价值观目标三个方面。

语文教学目标设计时应注意的几点要求:

①表述要清晰、具体。

②围绕知识与能力、过程与方法、情感态度和价值观等因素制定目标。

③各目标的设定要体现层次性。

④教学目标应根据学生的学情来设计。

(3)教学重点和难点

教学重点和难点是整个教学的核心,是完成教学任务的关键所在。重点突出,难点明确,有利于学生掌握教学总体思路,便于学生配合教师完成教学任务。

(4)教学方法

教学方法虽然多种多样,但每节课的教学方法必须依据教学内容和学生的接受能力来确定。教师的教学艺术如何,很重要的是看其教学方法的运用是否巧妙得当。

(5)课型、课时

课型是指根据教学任务而划分出来的教学的类型,在教案中常见的有讲授课、练习课、复习课、实验课、示范课、研讨课、汇报课、观摩课、录像课等。

课时主要是指授课内容要在几个课时内完成。

(6)教学内容

教学内容是课堂教学的核心,备课的其他环节都是为它服务的。写教案时,必须将教学内容分步骤、分层次地写清楚,必要时还应在每一部分内容后注明所需的时间。这样,可以使所讲授的内容按预计时间稳步进行,不至于出现前松后紧或前紧后松的局面。

(7)教具

教具又称教具准备,是指辅助教学手段使用的工具。在教学中都需要使用哪些教具要在教案中体现出来,包括教师提供的和学生自备的。如多媒体、模型、标本、实物、音像等。

(8)教学过程

教学过程也称教学步骤或教学程序,即用于指导和规范教师课堂活动的步骤。教学过程是整个教案的核心和主体。只有安排好教学过程,教师才能在课堂上有条不紊地圆满地完成每一个教学环节。教学过程要做到各个环节衔接,内容充实,重点突出,详略得当。

需要强调的是,教学过程中一定要有提问设计。语文教学提问设计是教师根据教学目的、教学内容、学生的学情等,在教学中对提出的问题所作的提前预设活动,它是实施教学步骤的基本手段。它能够引发学生的学习动机,激发思维,考查学生对文本的理解程度,同时还可以起到检查教学目标,重新组织教学的作用。

在提问的类型上,有"开放与封闭"和"记忆与思考"两大类。开放性问题允许有广泛的回应范围,不仅包括认知的要求,还包括情感的表现、移情的作用、态度和价值。封闭性问题只有一个正确或最佳的答案,它要求学生在一个狭窄的范围内选择反应。记忆性的问题需要学生回忆已有的信息,它是教师经常提问的一种类型。相反,思考性问题需要学生运用已有的信息去创造新的信息。

可以将课堂提问概括为五大类型,分别是:记忆性问题、理解性问题、应用性问题、评价性问题、创造性问题。

第一,记忆性问题。这是一种通过事实性知识提出的问题,不需要学生分析思考,学生凭记忆即能回答,其作用在于再现所学知识,防止遗忘。

第二,理解性问题。这是一种为进一步深入理解文本而设计的问题。这类问题的解答仅凭学生的知识与经验是不够的,还需要学生联系课文中的内容,通过解析判断和逻辑推理才能找出问题的答案。

第三,应用性问题。这是一种为了使学生把书本上学到的知识迁移到生活当中,达到学以致用而设计的问题。这类问题需要学生运用比较、分类、综合、转换等多种方式才能回答。

第四,评价性问题。这是一种针对文本需要,对课文内容做出评价而设计的问题。这类问题考查的是学生能否评定所学材料的合理性,并对其做出价值判断,它能体现出学生更高的能力水平。

第五,创造性问题。这是一种以文本为依据,但又不拘泥于文本内容而设计的问题。这种问题,不仅需要学生靠知识经验及逻辑思考来回答,还需要学生发挥求异思维,进行创造性的解答。

记忆性、理解性的问题通过简单回忆或简单推理就能获得问题的答案,属于"事实性"问题,事实性问题能够促进学生对所学知识的复习巩固;应用性问题、评价性问题和创造性问题需要学生有探究的精神,运用联想、迁移、比较、综合等多种思维方法对问题进行深入的思考,所以属于"高层次"问题,它能够促进学生创造性和批判性思维的发展。

课堂提问要想取得好的教学效果,教师在设计提问时要注意以下几点:

①问题设计不要过于简单和琐碎。

②根据学生的年龄特点和学习基础来设问。

③问题的设计要有明确的目的性。

④问题的设计要有一定的逻辑性。

⑤提问的语言表达要明确。

(9)作业布置

作业布置是课堂教学的延续,是实现教学目标不可缺少的环节。布置作业包括布置书面作业、探究讨论式作业、情境表演式作业和阅读复习等。

小学语文作业设计时的注意问题:

①作业设计要体现个性差异,避免"一刀切"现象。

②作业设计要新鲜有趣,避免枯燥乏味、机械训练。

③作业设计要联系生活,避免形式单一。

(10)板书设计

板书是教师要在黑板上配合教授,运用文字、图画和表格等视觉符号传递教学信息的教学行为方式。它具有提示、强化、示范、解析、直观、总括的作用。教师在设计板书时要做到目的明确、布局合理、时机合适,要与讲课的内容和进度结合。

板书设计时应注意的几点:

①科学设计,明确目的。

②突出重点,主题鲜明。

③力求新颖,充满趣味。

④重视合作,讲求生成。

⑤留有余地,自主探究。

2. 教案设计的类型

根据教学的任务来分,课程可分为新授课、巩固课、技能课、检查课。课程的类型不同,其授课教案也不同。按课的类型可将教案分为:新授课教案、复习课教案、实验课教案和检查课教案。

(1)新授课教案

新授课教案的主要内容是提出新课的教学目标,把握传授新知识的深度、广度、重点和难点,其主要任务是完成新知识的传授。

①抓好教学各环节的过渡与衔接

设计好复习引课的内容。抓准新旧知识间的联系,或挖掘学生日常生活中与本节课内容有关的常识,以旧知识或生活实际为基础,设计并提出适宜的问题,使学生意识到学习新知识的重要性和必要性,唤起他们学习的兴趣,从而使学生有准备地、自然地过渡到新课的学习。因此在教案中对于引入新课时提出什么问题,学生回答时可能出现的各种情况及针对各种不同情况追问什么问题,或用什么样的关键语言加以引导,如何巧妙顺利地过渡到新授课的内容等问题,都应具体明确地反映出来,以利于教学实施。

写明新授内容的逻辑层次。新概念的引出,新规律的获得,都应遵从循序渐进原则,对于引出新概念所必须掌握的已学概念及其引出新概念的思维程序应简明地写在教案上。另外,对于新概念规律的内涵与外延需强调的要点,及其在应用中需注意的问题等,在教案中也要有所反映,以为新知识的运用及巩固小结铺路架桥。

巩固小结过程。应设计好适当的方法和问题,带领学生做最后的"冲刺",冲上知识的"顶点",便于学生居高临下地把握知识的来龙去脉,系统地理解知识。因此小结中设问的问题,为使学生将所学新知识与旧知识挂上钩,或为后续学习设下伏笔所需点拨的关键词语等,都应在教案中有所体现。

②写明有效措施,便于突破难点

教学难点形成的原因虽是多方面的,但只要查明原因,及时对症下药,都是可以突破的。在教案中对于本课的难点是什么及其消除的措施和方法应明确写出,如针对概念抽象,学生又缺乏感性认识的知识,需列举哪些实例,何时做什么演示实验,提示学生注意观察什么;针对学生生活经验与教材所学知识相矛盾的内容,需要借用哪些问题的具体分析,如何引导学生从不同侧面认识知识规律等,都应有书面提纲。

(2)复习课教案

复习课教案的主要内容是提出复习的范围和要求,主要任务是帮助、引导学生巩固掌握已有的知识,并将知识系统化、网络化。

①明确目标,提出问题

复习课应使学生在知识上、方法上、能力上形成完整的结构,实现理性的飞跃。因此教案上除了应写清楚所复习内容的知识层次,还应写明在全面概括教材基础上提出的新问题,写清在这段学习中学生常出现的错误和技能、技巧等方面的不足,以便上课时能准确地针对学生学习中的欠缺进行复习。

②对症下药,实施补救

针对学生学习中存在的问题,采取相应的补救措施。如对理论性较强、新概念、新名词较多的内容,应写明复习提纲,以帮助学生理顺知识系统;对相似概念、规律易混淆的,应在教案上设计好具体的对照表格,以利于学生对比记忆。

(3)实验课教案

实验课教案主要内容是提出培养技能、技巧的具体内容与要求。主要任务是教师完成示范性操作、实验原理的讲解,指导学生独立进行实验,培养学生的技能、技巧和严谨的科学态度,掌握基本的学科实验操作方法。

①写明要求

在教案中必须写明并布置课前准备的问题,如实验目的、原理、方法、步骤及使用仪器的注意事项等,使学生对这些问题有所了解。另外,有些实验还须写清实验数据的处理及实验结果的分析等方面的要求。

②写清实验中易出现的问题及处理方法

学生操作仪器时可能出现的问题,各种非系统因素(温度、湿度、电磁干扰等)对本实验可能产生的影响等及其相应的处理办法,都应在教案中清楚写明,便于及时处理学生实验时出现的问题,以确保实验成功。

3. 教案设计的原则

教学是一种创造性劳动。写一份优秀教案是设计者教育思想、智慧、动机、经验、个性和教学艺术性的综合体现。教师在写教案时,应遵循以下原则。

(1)科学性

所谓符合科学性,就是教师要认真贯彻课标精神,按教材内在规律,结合学生实际来确定教学目标、重点、难点。设计教学过程,避免出现知识性错误。那种远离课标,脱离教材完整性、系统性,随心所欲地写教案的做法是绝对不允许的。一个好教案首先要依标合本,使教案中的基本概念、基础理论、书面语表达科学、严密、准确、精练。

(2)创新性

教材是死的,不能随意更改。但教法是活的,课怎么上全凭教师的智慧和才干。尽管备课时要去学习大量的参考材料,充分利用教学资源,听取名家的指点,吸取同行经验,但课总还要自己亲自去上,这就决定了教案要自己来写。教师备课也应该经历一个相似的过程。从课本内容变成胸中有案,再落到纸上,形成书面教案,继而到课堂实际讲授,关键在于教师要能"学百家,树一宗"。在自己钻研教材的基础上,广泛地涉猎多种教学参考资料,向有经验的教师请教。而不要照搬照抄,对别人的经验要经过一番思考(消化、吸收),然后结合个人教学体会,巧妙构思,精心安排,从而写出自己的教案。

(3)差异性

由于每位教师的知识、经验、特长、个性是千差万别的,而教学工作又是一项创造性的工作,因此写教案也就不能千篇一律,要发挥每一位教师的聪明才智和创造力,所以教师的教案要结合本地区的特点,因材施教。

(4)艺术性

所谓教案的艺术性就是构思巧妙,能让学生在课堂上不仅能学到知识,而且得到快乐的体验。教案要成为一篇独具特色的"课堂教学散文"或者是课本剧。所以,开头、经过、结尾要层层递进,扣人心弦,达到立体教学效果。教师的说、谈、问等课堂语言要字斟句酌,该说的一个字不少说,不该说的一个字也不能说,要做到安排恰当。

(5)可操作性

教师在写教案时,一定要从实际出发,充分考虑教案的可行性和可操作性。该简就简,该繁就繁,要简繁得当。

(6)变化性

由于教师教学面对学生的思维能力各不相同,对问题的理解程度不同,常常会提出不同的问题和看法,教师又不可能事先都估计到。在这种情况下,教学进程不可避免要背离教案的预想。这时教师不能死扣教案,把学生思维的积极性压下去。要根据学生的实际改变原先的教学计划和方法,满腔热忱地启发学生的思维,针对疑点积极引导。为达到此目的,教师在备课时,应充分估计学生在学习时可能提出的难点、疑点。应充分估计学生能在什么地方出现问题,大都会出现什么问题,对出现的问题应怎样引导,要考虑几种有效的教学方案。在课堂上即使出现偏离教案的现象,也不要紧张,要因势利导,耐心细致地培养学生的进取精神。因为一个单元或一节课的教学目标是在教学的一定过程中逐步完成的,一旦出现偏离教学目标或教学计划的现象也不要紧张,这可以在整个教学进程中去调整。

(四)疑点、误点知识点辨析

1.教学目标设计

教学目标是教师根据课程标准的要求和听课者的实际情况,针对课题或课时的教学内容而提出的,是指听课者在课程总结时应达到的具体目标或教师完成的教学任务。

(1)教学目标的内容

新课程理念倡导的教学目标包括三个部分,即知识与技能、过程与方法、情感态度与价值观。

三维教学目标不是三个目标,而是一个问题的三个方面。它集中体现了素质教育在学科课程中培养的基本途径,集中体现了学生全面和谐发展、个性发展和终身发展的客观要求。三维的课程目标应是一个整体,知识与技能、过程与方法、情感态度与价值观三个方面互相联系,融为一体。

①知识与技能目标

主要包括人类生存所不可或缺的核心知识和学科基本知识;获取、收集、处理、运用信息的能力、创新精神和实践能力、终身学习的愿望和能力。

②过程与方法目标

主要包括人类生存所不可或缺的过程与方法。

过程——指应答性学习环境和交往、体验。

方法——包括基本的学习方式(自主学习、合作学习、探究学习)和具体的学习方式(发现式学习、小组式学习、交往式学习……)。

③情感态度与价值观目标

情感不仅指学习兴趣、学习责任,更重要的是乐观的生活态度、求实的科学态度、宽容的人生态度。价值观不仅强调个人的价值,更强调个人价值和社会价值的统一;不仅强调科学的价值,更强调科学的价值和人文价值的统一;不仅强调人类价值,更强调人类价值和自然价值的统一,从而使学生内心确立起对真善美的价值追求以及人与自然和谐和可持续发展的理念。

(2)教学目标的陈述

教学目标的陈述必须符合下列要求:

其一,教学目标陈述的是学生的学习结果,陈述通过一定的教学活动后学生行为的变化,不应陈述教师的教学行为。

其二,教学目标的陈述应力求明确、具体、可以观察和测量。

其三,教学目标的陈述应反映学习结果的多样性和层次性。

其四,教学目标陈述应用《课标》"关于目标要求的说明"中的行为动词。

①行为目标的陈述

行为目标描述的是学生的行为,它强调用可观察、可测量的外显行为来确切地描述教学目标。下面以"ABCD"模式为例加以说明。该方法认为明确的行为目标主要包含四个要素:

教学对象:是指学习者,即行为的主体,行为目标描述的应是学生的行为,而不是教师的行为。规范的行为目标的开头应是"学生应该……",书写时可以省略,但目标必须是针对特定的学习者而提出的。

行为:指学生达到教学目标时应能完成的行为,它是目标中最基本的成分,行为应该用明确的行为动词来描述,例如:对学习新教材的描述一般使用"学习……初步掌握……建立……概念"。这里的"学习……初步掌握……"的涵义是指学生基本完成了对技术学习的泛化期的过渡。对复习旧教材的描述一般使用"复习……改进进一步提高……这里的"复习……改进……"的基本含义是指学生初步完成了技术学习的分化期的过渡。"提高……进一步提高……"的基本含义是指学生基本完成了对技术学习向熟练掌握的过渡。对发展学生身体素质和提高身体机能方面的描述一般使用"发展……增强……提高……促进……"。对思想品德方面的描述一般使用"培养……加强……发扬……调动……"。

条件:指学生行为发生的条件,即评定学习结果的约束因素(包括环境、人、设明确性等因素)。标准:指评定行为的最低依据,或学生对目标所达到的最低水准,包括完成行为的时间限制;完成行为的准确性;完成行为的成功特征。

②内部心理与外显行为相结合目标的陈述

内部心理与外显行为相结合目标着重指向无需结果化的或难以结果化的教学目标,既反映学生学习的内部心理变化,也反映学习的外显行为变化结果,特别适用于描述情感、能力领域的教学目标。

用这种方法陈述的教学目标由两部分组成:第一部分为基本的教学目标,即用一个动词描述学生通过教学所产生的内部心理变化,如记忆、知觉、理解、创造、欣赏等;第二部分为具体教学目标,列出具体行为样例,即学生通过教学所产生的能反映其内在心理变化的外显行为。

③表现性目标的陈述

在表现性目标中,教师重在明确规定学生应参与和经历的活动情境,描述学生在活动中应表现出来的行为和态度,但不规定学生将会在这种活动中具体学习什么,不同的学生在此活动中允许有不同的学习结果,一般来说,在涉及复杂的智力性活动时常用表现性目标表述。

表现性目标的陈述方法为:先说明学生参与的是什么样的活动或情境;然后,选用某一目标水平下恰当的行为动词,明确其相对应的教学内容,两者构成动宾短语来陈述。

常见的表现形式类似于"在……活动中,学生感受……;在……过程中,学生体验……;在……情境下,学生讨论……"等。

2.教学重难点设计

(1)教学重难点的区别与联系

教学重点,是指在教材内容的逻辑结构的特定层次中占相对重要的前提判断或在整个知识体系中处于重要地位和突出作用的内容,是授课时必须着重讲解和分析的内容。

教学难点,是指学生难于理解、掌握或容易引起混淆、错误的内容。

教学重点不一定是教学难点,教学难点也不一定是教学的重点,难点的产生可能有多种原因;教学难点也会因不同的学生群体而改变,也会因具体的教学条件而改变。教师必须认真分析和预设学生可能遇到的学习困难并通过相应的教学设计加以解决。

(2)确定教学重难点的要求

①吃透新课标

明确课程的完整知识体系框架和教学目标,并把课程标准、教材和教师参考书整合起来,才能科学确定静态的教学重点难点。

②全面了解学生

了解学生原有的知识和技能的状况,了解他们的兴趣、需要和思想状况,了解他们的学习方法和学习习惯。

③深入钻研教材

教材是教学的主要依据。教学的重点主要决定于教材内容。例如,如果教材中某一内容是诸内容中最基本、最主要的,是基础知识或基本技能或者是进一步学习其他内容的关键,那么这一内容就是教学的重点。

根据最近发展区理论,教师通过对学生现有水平的了解,可以明确其可以达到的目标以及在学习的过程中需要掌握的重点以及可能会出现的难点。教材内容的安排,主要是对教材整体结构的分析。对于教材整体结构的分析便于教师把握相关知识的内在联系,了解各个知识点在教学中的地位、作用和联系。

(3)确定教学重难点的方法

①地位作用分析法

根据重点的含义,教材知识体系中具有重要地位作用的知识、技能与方法是教学的重点。所以,可以从分析学习内容在教材知识体系中的地位和作用来确定是否为教学重点。

②课题分析法

很多情况下,学习内容的标题(课题)就明确了将要学习的主要内容,由此可以根据学习内容的标题(课题)来确定教学的重难点。

③例题、习题分析法

重点内容的学习要求学生要达到理解、掌握和灵活运用,因此,教材中一般都配比了一定数量的例题、习题供学生练习、巩固并形成技能与能力。所以,分析教材中的例、习题的安排和配置可以确定教学的重点。

④学情分析法

学情分析法又叫经验分析法,是指教师根据往届学生学习理解本节内容的困难程度或者根据知识本身的难易程度,再结合学生的理解水平来确定教学的重难点。

3.教学过程设计

教学过程包括导入新课、新课讲授、巩固练习和课堂总结四部分。在教学过程的每个阶段,针对不同的教学目标和教学内容,选择不同的教学媒体,使用不同的教学方法。教学过程是课堂教学策略实施、教学媒体使用、教学目标实现的过程,也是教学设计的核心部分,必须精心设计、认真实施。课堂导入是教师在一个新的教学内容或教学活动开始时,引导学生进入学习的行为方式。通过导入,把学生引导到一个特定的学习方向上来,因而又叫特定导入。导入是能够引起学生注意、激发学生学习兴趣、明确学生学习目的和建立知识间联系的教学活动。

在教案书写过程中,教学过程是关键,它包括以下几个步骤:

第一,导入新课。

①设计新颖活泼,精当概括。

②怎样进行,复习哪些内容。

③提问哪些学生,需用多少时间等。

第二,讲授新课。

①针对不同教学内容,选择不同的教学方法。

②怎样提出问题,如何逐步启发、诱导。

③教师该怎么教,学生该怎么学,详细步骤安排。

第三,巩固练习。

①练习设计精巧,有层次、有坡度、有密度。

②怎样进行,谁上黑板板演。

③需要多少时间。

第四,归纳小结。

①怎样进行,是教师还是学生归纳。

②需用多少时间。

第五,作业安排。

①布置哪些内容,要考虑知识拓展性、能力性。

②需不需要提示或解释。

第三节　小学英语与语文融合性课程开发设计

跨学科课程的实施是当代课程改革的共同走向与必然诉求,旨在培养学生良好的综合性学习素养,为学生终身发展奠基。跨学科课程要基于学校个性化发展及学生个性化特点选择课程内容"语文·英语"融合性课程既要为不同潜质、不同水平的学生提供多层次的选择和帮助,促进学生全面而有个性的发展,又要重视中英文语言表达方式相互借鉴及中外文化的交流与融合。跨学科课程实施方式要增强实践性与体验性,提升实践与创新能力。

课程整合是基础教育改革的重要内容之一。可见,国家在政策层面不断提高对基础教育阶段课程整合的重视度。不少中小学校也在实践层面进行了一定的尝试和探索,但这种探索主要集中在学科内的课程整合,学科间的课程整合、跨学科课程开发则少有涉猎。原因有三:学校层面,跨学科课程开发动因不足;教师层面,跨学科课程开发动力与能力欠缺;学生层面,跨学科探究的动因不足。因此,在现有教育评价体制下,探索既有利于学生学习能力提升,又有利于教师专业成长,更有利于学校发展的跨学科课程建设,无疑是新课程改革穿越深水区的关键。

选择语文·英语融合性课程进行跨学科课程试验,好处有三:首先,语文、英语是基础教育阶段重要的学科,占了大半壁江山,教学地位空前重要,不论是学校、学生,还是家长、社会,都十分重视。这也是当下基础教育的现实需要。其次,语文、英语都是语言类学科,其工具性、人文性特点是相似的,便于相通相融。最后,师资基础好。目前中小学师资呈年轻化、高学历化态势。一方面,绝大部分语文教师都有英语四级学习背景,一些年轻的教师还具有英语六级、八级水平;另一方面,汉语作为母语,不少英语教师的中文表达能力也很强,能够开发出较高水平的融合型课程,也具有很强的实施能力。这是一个很好的切入点。

一、语文·英语融合性课程的开发

(一)国家课程的校本化开发与创造性实施

对国家课程的二次开发,是新课程改革的必然选择,也是目前各地教育主管部门着力推进的重要工作,这给语文、英语融合性跨学科课程开发提供了很大的行政支撑与实施空间。为此,我们要求语文、英语学科教师在正常课堂教学过程中,尽量从语言思维方式与文化底蕴方面向对方渗透与延展。首先,教师在要求学生诵读中文译本的同时,也诵读英语原文,感悟其中的英语文化内涵;然后,从演讲中所使用的简短、有力的语言表达方式,了解、感受英语的思维方式;最后,教师从这篇作品所倡导的民主、自由、公平、正义等观念中引导学生了解世界人民共同的文明追求。同样,英语老师也不再局限于英语语言知识与技能的培养,更多地关注课文的文学性,引导学生较好地掌握英语语法知识与语言技能的同时,逐步掌握就某一深度话题进行智性讨论的技巧,学习写出较强感染力的英语作品。

(二)阅读课程的实施

1. 中英文比较课程

不同的译本一方面反映了译者对原作者的理解程度,同时也不可避免地体现译者的文风。通过不同译本的比较,学生在字词选择差异的比较中感悟语言表达的细微差别。

2. 中英文时事阅读与互译课程

课程内容关注新闻热点、社会热点,一方面,符合青年学生心理特点,满足学生的新鲜感和好奇心,激发他们阅读学习的积极性;另一方面,引导学生关注生活、关注社会,加深学生对阅读课程的理解,提升他们解决实际问题的能力。

3.译文赏析类课程

让学生从英语经典作品的优秀译文赏析中,感受英语表达方式与思维方式的特点。首先,宏观分析,体味译作是否符合原作的意图,内容、形式是否达到和谐统一,原作的意境、神韵是否得到再现。然后,逐词、逐句、逐行、逐段对照阅读,进行微观赏析,多角度、多层次细细品味译作韵味。另外,现代经典英语文学作品的语言表达风格体现了现代英语的发展变化特点,增加了这个时代的新鲜元素,对青少年更具吸引力。

(三)文创课程

跨学科课程要通过各种方式增加学生的体验性学习与实践性学习。为此,我们开发了经典演讲作品中英文对照演说课程、英语演讲与辩论课程课本剧表演课程、经典影视桥段模仿课程、中英文文艺创作课程等。通过诗歌朗诵、演讲比赛、校园广播、经典桥段配音与模仿、话剧实验等表演活动,让学生在表演中感悟、体验文化的魅力。通过中英文写作竞赛、微视频制作、毕业典礼汇演、元旦晚会等活动,给学生搭建更多自我表现的平台,激发学生创新潜能,提升创新能力。

二、语文·英语融合性课程的创造性实施

(一)创设具有鲜明特色的学习环境,改变学生学习方式

1.浅阅读学习区

阅读角:给每个班级配备微型书柜及专用阅读区(部分班级配备自主阅读学习区)。

漂流书屋:在校园内设置若干个流动阅读书屋,方便学生随时、随地、随机阅读。书籍由学生捐助、推荐。

阅读广场:校园内,在学生主要课外活动场所,设立自助电子阅读设备,为师生提供先进、快捷的网络阅读环境。

2.深度研学区

多媒体视听室:供学生进行语音听力训练及影视欣赏用。

多功能语言教室:多功能语言模拟实训室兼容电脑教学、语言实验实训、多媒体制作和英语模拟实训"四合一"功能室,能够为学生提供仿真情境实训环境,使他们在模拟环境中提高语言应用能力。

深度阅读研学室:供学生开展主题性阅读、资料查阅、师生共读、主题阅读社团活动。

电子阅览室:建立课程基地专题网站,便于师生、家长、校外教育支持性人员线上阅读及互动交流。

3. 文创表演区

实验剧场：供学生举行各种大型表演艺术活动。

文学杂志：师生文创表现平台，主要供各主题阅读社团呈现阅读创作成果用。

影视制作室：师生文创表现平台，主要供兴趣特长生配合各主题阅读社团呈现阅读创作成果用。

(二)创建多样化的"语文·英语"融合性课程实现方式

1. 课堂融合性教学

通过朗读、诵读、倾听训练、问答训练(交际语言)、演讲、辩论等课堂教学形式，使课堂学习更加生动有趣，提高落实国家课程目标的有效性。

2. 自主融合性学习

通过午间阅读、课余随机(随性)自主阅读、学术性研读等课外自主阅读学习活动，拓展学生的视野。

3. 情境融合性学习

语言的学习需要情境的创设。我们通过模拟情境的设置，增加学生的语言环境体验。而且，根据跨学科学习的需要，所有跨学科学习活动课都可以安排相应社会实践内容，让学生走进农村、农田，走进工厂、社区、街道，感悟与体验。

三、课程基地创建愿景

(一)积极探索下阶段基础教育课程改革新路

语文·英语融通性课程的开发与实施，为多学科联合教学、融合性教学课程建设进行有益的经验尝试。首先，承担跨学科课程研发的教师，要认真研读融合对象学科的教材，大体了解其学科知识框架、学科核心素养要求，通过和融合对象学科教师的不断交流，理解其学科独特的思维方式，找出共同点与相似点，构建跨学科融合性课程体系框架。然后，相互协调，寻找相关学科知识体系与思维方式之间的对接点、渗透点，选择课程素材，编写教材。

(二)培养良好的综合性学习素养

首先，跨学科课程有利于学生科学思维方式的形成。当学生面对生产与生活实际问题时，学生不再局限于单一学科视角审视，而是从多视角，运用多学科知识综合性分析，拓展学生思维的广度与深度。其次，为增加学生对课程的体验和感知。不仅在校园内给学生创造情境性学习环境，还让学生在真实的自然、社会情境中感受课程知识内涵、享受学习的快乐。最后，跨学科课程中，人文性教育比例大幅增加，重视培养有知识、有技能、有情趣、懂生活的高素质人，为他们的终身发展奠定更加健康扎实的基础。

(三)建设促进学生阅读学习的互动平台

现代多媒体教学技术，一方面，为师生互动、生生互动、家校互动、学校与社会的互动，提供了更多的机会与可能;另一方面,为那些性格腼腆的孩子提供了更多地参与协作学习、表达自我的机会。而且,我们在开发学生网上在线自主学习系统时,加入了游戏元素,增加了学生学习的趣味性,促进学生主动学习、自主学习、快乐学习。

(四)探索因材施教的实现方式

在课程难度设计上,我们构建了基础、拓展、学术层级课程体系。在课程内容设计上,我们构建了阅读、对话、视听、表演、文艺创作等多样化课程,尊重学生个体特点与差异性,为不同潜质、不同水平的学生提供多层次的选择和帮助,促进了学生全面而有个性的发展。既实现了分层教学,又尊重了学生的兴趣特长,比较好地实现了因材施教的愿景。

(五)项目驱动,形成教师成长共同体

语文·英语融合性课程建设需要开发大量的跨学科融合性学习课程,这就要求教师中英文兼修、具有较高人文素养。因此需要教师不仅要提升自己的中英文学科素养,还要积极探索中英文融合教学的方法。学科融合的过程也是教师融合的过程,跨学科课程的建设,迫使教师形成成长共同体,互相学习、互相吸收、互相鼓励、互相促进,团队协作、共同成长,在融合性教学的新领域提升自己的学习能力、创新能力,成为新课程改革的领跑者。

第三章　小学语言类学科教学设计

第一节　小学英语、语文口语教学设计

一、小学英语口语活动设计

英语课程标准以学生"能用英语做事情"的描述方式设定各级目标要求,旨在培养学生的综合语言运用能力。因此,各种语言知识的呈现和学习都应从语言使用的角度出发,创设接近实际生活的语境,采用循序渐进的语言实践活动,为提升学生"用英语做事"的能力服务。

(一)内涵界定,找准定位

英语课程标准强调"注重语言实践,培养学生的语言运用能力",强调尽可能多地为学生创造在真实语境中运用语言的机会。然而现实的小学英语课堂教学中,教师设计的口语活动更多地局限语言学习活动,而不是语言运用任务活动,因此,特申请课题"基于语言运用的小学英语口语活动设计的实践研究",旨在通过设计与实践"基于语言运用的小学英语口语活动",提升学生综合运用所学自如、得体交流的能力。

1. 核心概念

(1)语言运用

不同时期的语言学家,根据自己研究的对象和各自的角度目标,对语言能力和语言运用有不同的表达所指。20世纪50年代,美国语言学家乔姆斯基(Noam Chomsky)从认知心理学出发,在否定行为主义语言理论的基础上,提出了"语言能力"和"语言运用"的概念。乔姆斯基指出:语言运用指的是语言的实际行为,是语言在日常生活中的使用和表现。而本文中的语言运用指的是:人们在具体的交际情景中使用语言进行交际,表达特定意义,并产生相应交际效果的活动,这种活动具体表现为交际双方进行交际的动态过程,即表达和理解等活动。简单地说,语言运用是把语言文字的基础知识和实际运用相结合,既有知识性又有实用性,既有通俗性又有科学性。

(2)口语活动设计

口语活动设计是指教师设计在特定语言环境下产生的言语活动。该活动设计中,教师引导学生利用语言表达思想、进行口头交际,通过听和读获取知识、信息和语言,经过思维在

原有知识及语言的基础上对所获取的信息进行加工重组,赋予新的内容,然后输出,从而完成交际的整个过程。其基本特点不是听和说的简单叠加,而是听与说的双向互动与交际,是凭借听与说进行交流、沟通、传递信息、联络感情、处理问题、完成任务等,从而培养学生倾听、表达、应对、运用语言解决问题,运用语言和谐与人交际的能力。

(3)基于语言运用的小学英语口语活动设计

基于语言运用的小学英语口语活动设计指针对小学英语课程标准一级和二级的要求,秉着"听说领先、读写跟上"的原则,教师在课堂教学中,要设计一种由学生在运用英语的实践中,主动进行的有目的、有计划、有情境的,获得相关经验的英语学习过程。其活动目的以培养"说"的技能为侧重点,兼顾"听、读、写"相关技能的培养。活动的内容和形式要贴近学生的生活实际,符合他们的认知水平和生活经验。活动设计要有明确的交流目的、真实的交流意义、主动的交际驱力、贴近现实的交际情境、简易可行的操作要求,让学生在课堂的口语活动中,接触、理解、操练、实践和运用语言,逐步实现知识的内化,提升融会贯通,综合运用所学去表达和交流的能力,实现用英语做事。

2. 原则定位

基于语言运用的小学英语口语活动设计要考虑到"运用性""意义性""互动性""真实性""差距性""语量性""操作性"七个原则。

(1)运用性

语言能力是一种抽象的原则系统和知识体系。它既不是一种组织句子和理解句子的能力,也不是一种应付事物的能力。语言运用能力并非语言能力的简单反映,语言能力是指语言使用者对其语言规则的认识,而语言运用能力则指在表述中对其知识的实际运用。基于语言运用的小学英语口语活动设计要注意其运用性,是指口语活动设计要围绕相应的主题,紧扣教学目标和教学重难点,设计不仅仅是简单的语言学习任务,而应该是相应的交际任务,让学生综合运用语言完成任务,达到学以致用的目的。

(2)意义性

语言意义是心灵的表达:口语是心灵的经验的符号,而文字则是口语的符号。马克思主义哲学对语言和思想关系的看法是"语言是思想的直接现实",二者在基本意蕴上是具有相似之处的。弗雷格认为一个词只有在特定的句子语境中才有意义。因此,语境和语言密不可分。语境是语言运用的土壤,没有语境的语言是毫无意义的。基于语言运用的小学英语口语活动设计要注意其意义性,是指口语活动的设计要指向有意义的有语境的语言实践,而不仅仅是毫无意义的语境和机械操练,同时要指向正确的情感态度价值观的渗透,体现人文性和工具性的结合。

(3)互动性

互动作为课程改革的新理念,强调的是师生之间,生生之间,特别是生生之间的相互影响和相互作用。互动主义教育观认为,有意义的学习是通过人际互动产生的。基于语言运用的小学英语口语活动设计要注意其互动性,是指口语活动的设计要主体互动,情境互动,过程互动和结果互动等要素动态和静态相结合,能体现教师与学生之间,学生与学生之间的有效的、和谐的、互助的、真诚的、真实的、积极的双向或三向沟通,体现交流者与语境和情景之间的配合度,体现口语活动动态发展的过程,体现语言的交互交流和交际。

(4)真实性

"交际语言能力"说进一步完善了交际能力理论。其中包括语言能力、策略能力和心理生理机制。其中,策略能力把语言能力与语言使用者的世界知识和真实的语境联系起来。交际法教学强调学生之间的交流应符合真实交际的特点,而语言真实性就是强调语言的真实性和自然性,培养真实、恰当、实用的语言能力和交际能力。基于语言运用的小学英语口语活动设计要注意其真实性,是指口语活动中语用、语义、语境的相对真实,即口语活动中进行相对真实的语言输入(教师要选择真实的语言材料作为语言的输入)、开展相对真实的语言练习和操练活动(设计适合学生学习的语言实践的活动和机会)、采用相对真实的联系生活的语言情境、给学生提供一个真实的语言环境,培养真实、恰当、实用的语言能力和交际能力。

(5)差距性

基于语言运用的小学英语口语活动设计要注意差距性,即要设计具有信息沟的活动。所谓"信息沟",就是学生在掌握信息方面存在的差距。正是由于存在信息沟这种差距,学生才有进行传递和交流信息的言语的交际活动。信息沟是学生用语言进行交际的先决条件和内动力。基于语言运用的小学英语口语活动设计要注意其差距性,是指所设计的口语活动要能体现学生现有知识能力的差距,如知识差距、能力差距、技能差距、信息差距、文化差距等,从而激发学生交流的内驱力。

(6)语量性

英语课程标准指出:义务教育阶段英语课程的总目标是:通过英语学习使学生形成初步的综合语言运用能力,促进心智发展,提高综合人文素养。综合语言运用能力的形成建立在语言技能、语言知识、情感态度、学习策略和文化意识等方面整体发展的基础之上。基于语言运用的小学英语口语活动设计要注意其语量性,是指口语活动要能提供和容纳充足的语言训练的规模和语言实践的容量,要充分考虑到语言实践的密度、广度、深度和强度,使学生在特定的口语活动时间内,能得到充分、足够、大量的语言训练和语言实践,为培养学生的综合语言运用能力服务。

(7)操作性

基于语言运用的小学英语口语活动设计要注意其"操作性",具体是指口语活动的内容与主题应与所学内容相关,难度适宜,符合该年龄阶段学生已有的认知水平和知识积淀,同时要有一定的梯度和层次,由易到难,以适应不同能力的学生,并具有灵活性和调整型,符合学生课堂中不断变化的学情特点、兴趣特点、克服困难的需要和现场的课堂生成。

(二)适切视角,准确着眼

建构主义视角下的小学英语语言拓展活动是指基于小学英语课程标准。

针对该课教材文本的教学内容,教学重点和难点,紧密结合学生的具体学情(包括学生已有的知识储备、已有的生活经验、兴趣爱好、年龄特点等),设定适合该活动的教学目标,在课堂上或增加语言量,或整合同类或高一层次要求的教学内容,以支架和策略为扶手,引导和辅助学生在支架的帮助下,有机梳理新旧知识,大容量整合所学,根据主题有目的地进行大容量的语言输出,真正实现学以致用。建构主义包括支架式教学和抛锚式教学,无论哪种教学方式,都强调教师要为学生语言的拓展提供适当的帮助和扶持,这样才能更有效培养学生的语言梳理、语言整合和语言建构能力,培养学生的自主学习能力,从而达到学以致用的目的。

1. 建构主义切入小学英语语言拓展活动的适切性

建构主义是学习理论从行为主义到认知主义以后的进一步发展。建构主义的基本观点大体概括如下:第一,学生的认识具有较强的主动性,认识是由学生主动构建的,而不是外界被动给予的。学习是学生主动获取知识的过程,是学生在一定的语言情境中,借助其他人(教师、学习伙伴等)的协助,借助必要的学习资源,通过意义建构的方式而获得的。第二,学生的认识具有讲究性。学生在认识和学习知识的过程中,不是去发现对立于他们头脑之外的知识世界,而是通过先前个人的经验世界,重新组合且建构一个新的认知结构。以建构主义为视角切入小学英语语言拓展活动,可以激发学生的内在学习动机,使学生能在教师的引导下,自主地、主动地梳理语言、整合语言、使用语言、拓展语言,使学生不仅能够体验学习英语的快乐与成功,还可以培养他们自主学习能力、创新能力、发散思维能力和合作学习能力。

2. 建构主义视角下的小学英语语言拓展活动原则

英语教学是门艺术,需要在教师教学经验的基础上进行个性化的调整。而有效开展小学英语语言拓展活动,不仅需要教师的教学经验和教学智慧,还需要遵循以下原则。

(1)适切性原则

英语教学的最终目的是为了学生的成长和发展。教学目标是一切教学活动的出发点和最终归宿,是教学活动的核心和灵魂,是整个英语课堂教学行为的导向。英语语言拓展活动要以教学目标为准绳,要从学生的具体学情出发,所设计拓展中内容、拓展的难度、拓展的范围、拓展的深度均要考虑到学生已有的相关话题的知识储备、能力储备、生活经验、兴趣动向等,不能盲目地拓展和拔高。拓展活动的设计要着眼于学生的最近发展区,要在学生知识、见识和能力都可接受的范围之内,适当、适度整合相关内容,以达到"跳一跳、摘苹果"的效果,否则将挫伤学生学习自信心和学习积极性,增加学生学习的焦虑度。

(2)整合性原则

系统论认为,整体大于部分之和,英语教学是否有效,和教学的整合容量与整合程度有密切的关系。英语拓展活动富含多元要素,例如拓展的教学目标、拓展的讨论话题、拓展的交流线索、拓展的顺序条理、拓展的旧知储备、拓展的新知内容、拓展的文化渗透、拓展的方式方法、拓展的支架准备、拓展的度的把握、拓展中的思维训练、拓展的互动方式等,这些要素相互联系、相互影响、相互制约。教师必须要重视这些多元元素之间的有机梳理和有机整合,要将这些多元元素以话题为中心,以教学目标为目标,以学生现有的储备为基础,以学生可达到的预测目标为愿景,以新旧知识的大容量有效整合和有机融通为手段,以文化品格和思维品质的培养为结合点,进行适当的知识方面、见识方面、能力方面的纵向和横向的拓展整合。

(3)工具性原则

建构主义强调要设置与学生学习和生活经验背景相关联的整体问题情境,让学生围绕基本概念和中心话题,自主选择解决问题的途径,开展学习活动。支架式教学强调教师要为学生提供相应的支架给予学习的支持。抛锚式教学强调教师要为学生提供思考和解决问题的机会和平台,要把问题抛锚于有意义的问题情境中,以帮助学生发展有效解决问题的能力。因此教师是否为学生的语言拓展活动提供相应的文本解读、知识帮助、线索提供、框架梳理、脉络诊断、策略辅导、解惑帮助等必备的支架支撑和帮助,至关重要。只有这些必要的支架工具和手段支持,才能减轻小学英语语言的拓展的难度,才能为学生提供方法,实现授人以渔。

(4)达成性原则

英语语言拓展活动要体现适用、实用、灵活、可达成。语言拓展活动要着眼学生的最近发展区,立足学生的现有发展区,以紧扣教学目标,以话题为切入点和中心,对新旧知识进行有条理的梳理和分类,并依据话题和线索进行有目的地删选和有机地融合。提供学生较为真实的情境,使语言知识、语言技能、情感态度、文化意识、思维品质等相互影响和渗透,最终实现预设的教学目标。

(三)依靠兴趣,感性拓展

英语课程标准指出,教学中教师要坚持以学生为本,面向全体学生,关注个体差异,优化课堂教学,教师要充分调动学生的积极性,使学生保持学习英语的信心,体验学习英语的乐趣。建构主义理念下设计的小学英语语言拓展活动,对学生语言的拓展起积极的辅助和推动作用。抛锚式教学是建构主义理念的一种形式,是20世纪90年代研发的教学模式。对于抛锚式教学的定义,国外的专家给出的内涵不同。学习框架说认为:抛锚式教学是一种框架,学生在技术整合的环境里学会接触许多真实的学习内容与过程,他们大多会举一反三,十分重视学习的迁移,在这样的学习框架里,学生的学习往往都是高效率的。教学模式说认为:抛锚式教学是一种教学模式,在这种模式里,师生以真实的问题情境为基础,采取镶嵌式教学及合作式学习,让学生亲自体验到整个问题解决的全过程。教学策略说认为抛锚式教学是一种策略。它可以帮助学生产生学习兴趣,克服惰性。而一篇名为《Enhanced Anchored Instruction(EAI)》的文章则认为抛锚式教学极具个性,它突出地强调了抛锚式教学在学生概念性知识及记忆策略方面发挥的作用。抛锚式教学的主要理念是把学习抛锚于有意义的问题情景中进行,以帮助学生发展有效解决问题的思维技能和态度,抛锚式教学强调一切教学活动要围绕学生感兴趣的真实案例或真实情景展开。正所谓兴趣是最好的老师。建构主义视角下的小学英语语言拓展活动可以从学生真实的兴趣点、好奇点、热衷点出发,在教师支架的帮扶下,学生感性拓展语言,有感而发。

以学生的兴趣点为拓展的落脚点,正是立足于"抛锚式教学中一切教学活动要围绕学生感兴趣的真实案例或真实情景展开"为理论依据,将学生的兴趣点和学生的语言知识、语言技能、思维训练、文化拓展等整合在一起,极大激发学生参与该拓展活动的内驱力,不仅使学生的综合语言运用能力和自主学习能力得到有效的训练和提升,也极大丰富了学生的见识,拓宽了他们的眼界,丰富了他们的文化内涵。

(四)作业延伸,迁移拓展

英语课程标准指出:科学的评价体系是实现课程目标的重要保障。课后作业是指教师给学生布置的课外完成的功课,是教学工作不可缺少的一个基本环节,是形成性评价的方式之一。优化的课后作业具有巩固与延伸的功能,培养与发展的功能,以及反馈与交流的功能。它是课堂教学的有效延伸、补充、拓展与深化,是教师衡量课堂教学效果的一种重要手段,也是学生巩固课内所学的一种有效方法,能促进学生智力与非智力因素的协调发展,有效反馈学生课内掌握情况,促使教师及时查缺补漏,调整教学方法,提高教学质量,又能为师生提供交流与沟通的平台。

然而目前英语课后作业的布置存在诸多弊端,如作业量多、作业难度一刀切、作业形式单一、机械、作业缺乏促进学生心智的发展和人文素养的提高等弊端,导致学生作业负担过重,学生做作业主动性弱,作业应付了事等问题。

1. 课后作业设计中的问题

目前小学英语课后作业设计存在以下几种弊端。

(1)作业量过大

很多教师为了让学生能切实掌握课上所学的内容,布置很多作业。例如:每天抄写单词、词组和句子10遍(甚至更多),听读课文每天至少5遍,每天布置一张A4或X开正反面量的练习等。教师们总认为多听、多读、多背、多写、多练、熟能生巧。即使明知作业多了,学生完成的质量欠佳,也总自我安慰:"多读、多做总比不读、不做强,英语是文科,靠的就是多读、多背。"因为教师们生怕作业布置少了,起不到巩固的效果。

(2) 作业难度统一

目前,教师在布置英语课后作业时,往往在难度上"统一",即无论学生学习程度如何,无论学生是否接受得了,所有作业难度"一刀切",布置相同的作业。例如:所有学生都要求流利背诵课文,默写词句8遍,完成相同的练习等。

这样布置作业的确易于教师操作,简单了事。但学生存在个体差异。作业难度过低,学优生觉得太容易,没挑战性,不爱做。作业难度过高,程度不好的学生觉得难度过大,不会做,因此也不爱做。这样的作业设计不能满足不同学习程度学生的不同需求,也不利于培养学生的学习兴趣。

(3) 作业的设计缺乏创造性

小学英语教师布置的大部分课后作业似乎都能轻易地从课文中找出答案,如:"She (was,is) a driver before."学生只要一对照书,就可以找出答案的。大部分教师认为作业既然要巩固,就要抓基础,课文内容熟悉了,基础知识就掌握了。而学生也认为只要课文读熟了,单词会背了,句子会写了,就算"我会了"。

诚然,基本知识需要适度地巩固,重点词句需要必要地操练,课文内容需要适当地重复,但语言学习不是仅仅为了机械重复课文内容或重复重点词句,而是要促进学生语言运用能力的培养、促进其心智发展和综合人文素养的提高。这种完全忠实于原文,而没有任何延伸和发挥的课后作业,显然不能有效提高学生的语言运用能力。

2. 课后作业设计的原则与优化

教育应该让学生将提供的东西作为一种宝贵的礼物来享受,而不是作为一种艰巨的任务来承担,课后作业也应如此。什么样的课后作业设计才能减轻学生的学业负担,提高作业的质量和效率,让学生体验到学习的乐趣呢?

(1) 精选课后作业,减少作业量

英语课程标准指出:教师应根据实际课堂教学的目标,设计合理有效的评价活动,及时把握课堂教学目标的落实。评价要服务教学、反馈教学、促进教学。课后作业设计要避免题海战术,不能以量取胜,而要进行精选。

(2) 合理设计课后作业的难度

英语课程标准强调:评价应反映以人为本的教育理念,突出学生的主体地位。各种水平的学生在遇到对自己有意义的、恰当的问题时,必然会进行自我主动地学习、课后作业的设计,应树立"弹性"意识,考虑每类学生最近发展区的差异,设计难度适宜的自主型、分层型作业。所谓自主型作业,即学生可以自主选择作业的类型和完成作业的方式。分层型作业,即根据学生的差异,分若干难易程度的作业供学生自主选择。

基于课程标准的课后作业的设计要充分考虑学生不同的学习需求、学习特点、认知方式、认知水平、心理特点和个体差异,最大限度地满足个体需求,使学生不断体验英语学习的进步与成功,实现课后作业设计效益的最大化。

(3)灵活设计课后作业的形式

英语课程标准强调:形成性评价应坚持激励原则,充分考虑学生的年龄、心理特征及认知水平,选用合理、多样的评价方式。因此课后作业的设计要体现趣味性和多样性。

①趣味型作业

教学是情知过程。兴趣是点燃智慧的火花,是提升能力的前提。课后作业设计要体现"趣"。以趣激情,吸引学生眼球,使学生乐于完成作业,并使他们的眼力,画画能力,阅读理解能力,记忆能力,书写能力等得到训练。

②实践型作业

英语课程标准强调要通过创设接近实际生活的各种语境,采用循序渐进的语言实践活动,培养学生用英语做事情的能力。语言来源于生活,语言运用于生活。实践型作业要与生活紧密联系,通过体验、实践、参与、合作等方式,学以致用。提高学生动手、动眼、动脑、合作的能力,培养他们从生活入手,留心观察的能力。

③运用型作业

英语课程标准指出,英语学习强调学习过程,强调语言学习的实践性和应用性,强调培养学生用英语做事情的能力。课后作业的设计也要遵循Learning by doing的理念。让作业不仅巩固所学,同时培养学生合作意识和客观判断的能力,课上的交流更是为他们展示提供了舞台,实现学用结合,学以致用。

④探究型作业

人生来具有一种好奇的倾向,这种自发的倾向会促使人们在面对陌生的现象时尽力找出其发生的原因。教师可布置给学生发现事物变化规律的探究作业,培养学生运用探究的方法,善于收集建议的态度,留心观察的习惯去合作完成作业。

二、小学语文口语交际教学设计

口语交际是指在一定的情境中,人们运用口头语言,凭借听说,进行交流沟通、传递信息、联络感情、处理问题的一种双向互动的动态的语言事件活动。在新的时代背景下,人们的口语交际显得格外重要,无论是面试求职还是日常的工作生活,都离不开口语交际。具有良好口语交际能力的人,往往在职业发展等方面更具优势。

在小学语文教学中,口语交际活动是语文课程的重要组成部分,是培养学生听说能力的重要载体。

(一)小学语文口语交际的教学目标

口语交际是语文课程的重要组成部分,明确口语交际教学的课程目标和内容,能使教师更有针对性地开展教学活动。

1. 小学语文口语交际在课程标准中的要求

(1)教学建议

口语交际能力是现代公民的必备能力。应培养学生倾听、表达和应对的能力,使学生具有文明和谐地进行人际交流的素养。

口语交际是听与说双方的互动过程。教学活动主要应在具体的交际情境中进行。努力选择贴近生活的话题,采用灵活的形式组织教学,不必过多传授口语交际知识。鼓励学生在各科教学活动及日常生活中锻炼口语交际能力。

(2)评价建议

评价学生的口语交际能力,应重视考查学生的参与意识和情意态度。评价应在具体的交际情境中进行,让学生承担有实际意义的交际任务,以反映学生真实的口语交际水平。

2. 小学语文教材口语交际的内容及特点分析

小学语文教材在口语交际的编排上有着非常鲜明的特点和优势。有别于以往的教材,小学语文教材将口语交际作为一个独立板块进行编排,在1~6年级中建构了清晰的目标体系,更加突出了"交际"的功能,更重视学生交际能力与交际习惯的养成。

(1)口语交际的内容编排

在话题设置上,基本是每册教材安排4个(六年级下册为3个)话题,小学阶段共设置47个交际话题。与旧版教材把口语交际作为"语文园地"的一部分不同,小学语文教材把它明确地列入教材目录,成为一个独立板块。

教材呈现上,口语交际一般由情境图、对话框、小贴士三部分组成。尤其是小贴士,对训练的要点进行了明确提示。以前的教材中,口语交际只是以"畅所欲言"的形式用几行字描述,而在小学语文教材中每个话题都给了一个页面,这体现了教材编写者对口语交际的重视。

(2)口语交际的编排特点

①话题选择更加贴近学生生活,突出育人的功能

话题的类型大体分为介绍类、对话类、独白类、交往类等。不同类型的训练侧重点会有所不同。例如,小学语文三年级上册"我的暑假生活"属于独白类话题,侧重培养学生当众表达、条理表达的能力;而"身边的'小事'"作为讨论交流的话题,侧重培养学生的应对能力。这些话题大多来源于学生的生活,也用以指导学生的生活。因此,在小学的口语交际教学中,"我说"与"说我"是主要的材料来源,就是在这样的听说、交流之中,语文学习积极地影响着孩子们的生活,这既体现了一种"大语文观",又体现了教育部对将学生培养成一个全面发展的人的重视。

②呈现方式多样

情境图用来创设课堂交际情境,激发学生说的欲望;对话框,为学生的口语交际提供直

观生动的范例;小贴士,清晰呈现教学目标和训练要点,使学生明确口语交际的方法策略。每册四次口语交际均链接一个小贴士,既阐明了本次口语交际的要求,也明确了训练的目标取向。例如,小学语文一年级下册中,"听故事,讲故事"的训练要求有两个:"听"的同时看图记内容,"讲"的时候要大声清楚。这样清楚明白的要求不仅让教师明了训练应达到的程度,同时告诉学生交际过程中的做法。在"请你帮个忙"的小贴士中列出了礼貌用语,提示学生请人帮忙要有文明礼貌、尊重对方。"打电话"的关键要求是"没听清时可以请对方重复",这是个新出现的训练要求,因此要作为练习的重点。"一起做游戏"则提醒学生,一边说一边做动作更容易让人明白,这是动作第一次作为口语交际的训练目标列入教材,教师应予以重视。这样的呈现方式避免了口语交际教学的模糊与朦胧,给教师的教与学生的学提供了实实在在的指导。

③注重交际实质,梯度递进,关注言语表达的内容

小学语文教材突出"交际",并关注不同阶段的交际特点,以此提出不同的要求。一年级,着重解决学生不会听、听不清、不敢说、说不响、不知道跟谁说、不懂得区别场合、不容易说清楚的问题。二年级,着重解决学生不会问、说话无序、听人讲话抓不住要点、不会应对等问题。三年级,着重培养学生要有对象意识,引导学生成段表达,避免对生活场景的简单重复。四年级,着重培养学生听要有筛选,判断出哪些是重要的,及时作出应对;说要有主题,说完整,有情感,通过语调、手势等增强表现力和感染力。五年级,话题选择上更关注口语交际对现实生活的指导意义,方法策略上强调有依据、有条理地表达。六年级,由感性地动情表述向理解深刻的表述过渡,强调有要点、有条理地表达,以理服人。例如,小学语文一年级上册安排了四次口语交际,训练的目标要求分别为:大声说,让别人听得见,注意听别人说话——"我说你做";有时候要大声说话,有时候要小声说话——"我们做朋友";说话的时候看着对方的眼睛——"用多大的声音";大胆说出自己的想法——"小兔运南瓜"。

对刚进入小学阶段的学生进行口语交际训练时,教师应主要从交际的态度、习惯、礼仪等方面加以指导,尤其要鼓励学生有表达的自信心。在教学中,要特别重视交际方法与策略的学习。

由于小学语文教材有明晰的目标体系,有具体的方法策略,例如,四年级上、下册教材特别凸显口语交际话题及对应的方法策略,因此,在教学的过程中,教师先要循纲扣本,一课一得,再把每一个话题的训练都落在实处,做扎实。

④口语交际的话题内容与本单元的主题大多有一定的关联

体会教材的编排意图,不光要看一册书中的目标要求,更要把不同年级的教材放在一起,梳理出交际目标循序渐进的梯度序列,这样在教学的时候才能做到心中有数。比如三、四、五年级对于倾听、表达、交际素养的要求就不同。

(二)阅读课与口语交际活动整合教学

口语交际的话题在教学单元中不是孤立的,往往跟单元教学内容相关联。在教学中,一

方面,关注口语交际的"交际"目标,联系单元内容同步进行;另一方面,也应落实在日常的课文教学中,实现口语交际与课文内容的教学整合,真正将"听说"训练贯穿语文课堂始终。

小学语文课程中学生的"听说读写"能力训练贯穿在每节语文课堂中,而"听""读""说"即是口语交际活动所需要培养的学生的能力所在。因此,在课文教学中,巧妙结合教学目标,有意识地培养学生的口语交际能力,是语文课教学的应有之义务。阅读课中各类文体诸如散文、诗歌、童话、寓言、说明文等的教学在口语交际能力训练方面也应有所侧重,不能一概而论,笼统照搬。下面以叙事性散文及故事类课文、诗歌类课文及说明文类课文为案例进行口语训练教学融合分析。

1. 叙事性散文及故事类课文教学中的口语交际训练

复述是用自己的话把故事内容讲出来,是语言表达的一种综合能力表现。叙事性散文及故事类课文都承载着学生复述能力训练的功能。在课程标准中,在阅读能力方面,要求学生能复述叙事类课文的大意,要有复述作品、故事情节的能力或者较完整地讲述故事的能力。小学语文教材编写对复述故事内容的要求十分突出,在教材中循序渐进地安排了各种各样的复述内容,不同年级各有侧重。比如二年级教材安排借助图片等讲故事,三年级教材安排完整详细地复述,四年级教材安排简要复述,五、六年级教材安排创造性复述。因此,在具体的课文中落实"复述"的能力目标训练,也是加强口语交际训练的过程。

2. 诗歌类课文教学中的口语交际训练

诗歌是抒情性较强的一种文学体裁,分行排列,情景交融。在诗歌教学中,诵读是理解内容、把握思想感情最好的方法。小学语文教材共有147首古诗词,古诗词的教学重点是让学生朗读、背诵,积累优秀诗句,培养学生的语感。教师应该有意识地训练学生朗读的停顿节奏和情感表达之间的关系,还可以在教学中增设互动环节,让学生在听说、对话中获得知识,并提高自己的听说能力。

3. 说明类课文的口语交际训练

根据课程标准的要求,阅读说明性文章,要能抓住说明的要点,了解文章的基本说明方法。说明文是一种以说明为主要表达方式的文章体裁,它通过对实体事物科学地解说,对客观事物作出说明或对抽象事理作出阐释,使读者对事物有科学的认识,从而获得相关知识。这与口语交际要求学生具备介绍人物或者事物的表达能力是相吻合的。在说明文的课文教学设计中,可以让学生运用相关的说明方法来介绍人物或者描述事物。

(三)小学语文口语交际活动模式探究

培养学生口语交际能力是素质教育和新时代对高素质人才的需要。在教学中,教师要发掘口语交际的丰富素材,在生活实践中巩固和延伸。要鼓励学生利用各种机会,争取多说话,尤其是当众说话。

1. 课内口语交际活动创新思路

(1)明确口语交际的教学目标和任务

口语交际包含话题和功能两部分,主要培养学生倾听、表达、应对的口语交际能力。

倾听:第一学段:能认真听别人讲话,努力了解讲话的主要内容。第二学段:听人说话能把握主要内容,能简要转述。第三学段:听人说话认真、耐心,能抓住要点简要转述。

表达:由第一学段讲简单的故事,到第二、第三学段讲复杂的故事,讲见闻,谈看法,着力培养学生敢于表达的勇气,以及成段地讲述所见所闻、所思所想的口头表达能力,逐步提升要求,让学生敢于表达。

应对:侧重于功能性口语交际话题,精选学生在生活中可能遇到的问题或存在困难的交际内容,设计不同的情境,引导学生反思怎样的交际是有效的、恰当的,指导学生解决生活中的问题。较简单的请教、劝说与劝阻安排在第二学段,较有难度的演讲、辩论则安排在第三学段。

(2)熟悉编排特点,充分挖掘教材内容

首先,熟悉口语交际活动的性质,明确口语交际具有以下特点:明确醒目的交际目标,功能性强的交际话题,具体可行的交际内容,真实可感的交际情境,多向互动的交际方式。其次,熟悉教材的编写布局:交际话题——贴近生活,文字说明——任务驱动,情境创设——泡泡框,小贴士——训练目标。

(3)注重培养学生的交际意识

起步阶段的学生在口语表达上常常不考虑场合、对象、角色,讲话随意。小学语文教材从一开始,就着力培养学生的交际意识,一年级上册"用多大的声音"引导学生关注在不同的场合应该用多大的声音说话,一年级下册"打电话"引导学生面对不同的对象要有礼貌地应对,二年级上册"商量"引导学生学习怎么跟不同的人商量不同的事。通过这些多样的情境应对,逐步培养学生的场合意识、对象意识、角色意识。

2.课内课外口语交际整合实施创新思路

口语是日常生活中必不可少的语言交际,不仅体现在课内校内,也体现在课外校外。探究课内课外口语交际活动的模式,在教学设计中巧妙地将二者有机统一,充分挖掘校内外资源,通过开展丰富多彩的课外活动来创设语文实践的空间,诸如举行古诗文诵读赛、书画比赛、故事大王比赛、读书交流会等,更好地提升学生的综合口语交际能力。

课程标准指出:要在课内外创设多种多样的交际情境,让每个学生无拘无束地进行口语交流;要鼓励学生在日常生活中积极主动地锻炼口语交际能力。社会是口语交际的大课堂,现实生活中蕴含着取之不尽、用之不竭的口语交际资源。因此,在口语交际活动设计中,应走出课内校内,实现课内外的有机融合,真正提高学生的口语交际水平。以下活动模式可供借鉴。

(1)诵读比赛

诵读比赛是学生提高口语交际的一条重要途径。当前,全国上下举办各种大大小小的诵读比赛,诸如中华经典诵读、古诗词诵读比赛、全民悦读会诵读活动等。诵读不仅是对中华文化经典的传承,也是一次次口语训练的过程。在口语交际活动训练中,应充分将诵读比赛与口语交际活动任务有机结合起来,在比赛中有效提高学生的口语交际能力。

小学生口语交际能力训练应以此为契机,充分利用各种比赛活动,积极有效地培养学生的口语交际能力。在每一次比赛活动中,每个学生都得到口语交际能力方面的训练。在日常的活动设计中,应有意识地将比赛等活动形式纳入活动内容设计的组成部分,作为落实完成活动任务的途径之一。

(2)读书分享会

学习在交流互动中方能更好地进步。为提升学生的口语交际能力,学校可以通过开展学生读书交流会等形式,让学生在读—思—说中获得进步,在分享交流中获取知识,激发学生的学习兴趣,提升其表达能力。目前全国上下盛行读书交流会,比如图书馆经常开展读书分享会,说说你读了什么书,与大家一起分享。这都是很好的口语练习活动。

全国图书馆界开展全民阅读系列活动,在世界读书日期间,围绕"读经典、学新知、链接美好生活"这一主题,各地、各系统图书馆结合自身特点和优势,纷纷组织开展系列特色阅读活动。

在口语交际活动设计中,学校应创造更多机会与平台让学生参与到具体的活动实践中,经典诵读比赛、知识竞赛、辩论赛、戏剧表演等都是学生训练口语交际的好机会。因此,教学应突破传统模式,让口语交际走出课堂,走出校外,鼓励学生参与校内外的比赛活动,提高自己的表达能力,并获得学习的成就感。

(3)社区活动

社区是每个家庭孩子的生活学习环境,小学生的口语交际可以通过社区的书画展示、亲子读书活动、写作比赛、朗诵比赛、故事会等形式来开展,让更多家庭的孩子参与到实践活动中,在实际的交流中提高自己的语言表达能力及应对能力。

因此,在口语交际能力活动设计中,要充分利用社区资源,将社区与口语交际目标融合,可以通过学校与社区连接互通的方式,促进社区小学生口语交际能力的提升。学校、社区可以根据学生的口语能力需要有针对性地开展朗读比赛、辩论赛及读书交流会、故事会等丰富多彩的主题活动,全面提高社区中小学生的综合素养。

(4)网络链接读书会

现在社会正处于高速发展时期,科技化、信息化走入寻常百姓家。教师应充分利用"云端"科技,利用线上网络平台实现资源利用、资源共享;整合教育资源,链接乡村学校,实现口语交际线上线下融合。例如,可以通过QQ、微信等平台分享,通过直播、语音、图片、视频等形式上传读书、表演、朗诵等内容,借助线上平台互相交流、学习;也可以通过网址链接、讲座、直播课件视频、专家点评、成果展示等形式组织展开活动,学生在线上参与学习与实践,也有利于让偏远地区的学生也参与到读书实践活动中。

目前,很多的朗诵、书画比赛都是通过网上上传视频或图片参与比赛,扫除了空间障碍,学生在交流、参与中获得口语交际的训练。因此,在口语交际的教学中,教师要充分发挥有利的网络资源,为学生的口语交际能力搭建更多的实践平台,把口语交际训练贯穿在日常生活和学习中。

第二节　小学英语、语文阅读教学设计

一、小学英语阅读教学设计

阅读是任何语言教学中的一个重要环节,小学阶段对英语"阅读"的教学应给予更多的关注。在前面几章中,我们主要介绍了如何把听英语作为语言输入的途径以及如何开展口语活动。对于儿童学习者来说,这个过渡期尤为必要。

(一)小学英语阅读教学的基本原则

小学英语教师要善于发现影响小学生阅读的因素,以便更好地研究阅读教学策略,提高阅读教学的质量。

1. 阅读教学的基本要求

阅读教学的基本要求如下:①建立英语图书角,提供充足的英语阅读材料,营造浓厚的英语阅读氛围;②鼓励持久的默读以促进阅读的流畅性,增强自信心,提高对阅读材料的欣赏水平;③注意激发学生的背景知识,如果学生不具备足够的背景知识,教师应及时提供,以帮助学生理解所要阅读的材料;④适当开展阅读技巧和阅读策略的训练,技巧和策略的选择应根据教育的环境、学生的需求和教学的目标来定;⑤应经常组织小组活动和合作性学习,使学生可以就阅读材料展开讨论共同处理阅读中的有关信息,探索解决复杂问题的不同方式;⑥鼓励大量阅读,学生是"通过阅读学会阅读"的;阅读的策略教学应采用显性的教学方式,包括教师的示范、直接操作和评估;⑦阅读中问题的提出应切合学生实际,反映学生的需求,适应学生的口味,激发学生的动机。

2. 小学英语阅读教学的基本原则

在适当的时间,以适当的方式,针对具体的学生情况采用适当的教学模式,把握适当的教学难度,争取最好的教学质量。事实上,这是针对任何技能培养的普遍适用原则。

(1)激发兴趣,及早阅读

今天是信息时代,语言是信息传载的主要符号,而阅读是与巨量信息的"最亲密接触"。不要把英语阅读看得高不可攀,事实上,阅读的内容是广泛的,小至日常用品上的英文字符,大到英文诗歌、散文等,广义上的阅读其实从学生接触到英语字母的时刻就已开始了。学校教学的主要任务就是引发孩子天生的阅读兴趣和好奇心,使阅读成为令人愉快的活动;激发并保持孩子的阅读兴趣,使他们自觉成为终身的阅读爱好者。不仅如此,学生阅读动机强,对待阅读也就更认真,就更有可能进行自觉的、有规律的阅读训练。因此,我们在英语教学中要千方百计去激发并保持孩子对英语阅读的浓厚兴趣,这是顺利开展英语阅读教学、有效提高小学生英语阅读水平的根本保证。

(2)量力而行,逐步推进

小学生阅读能力毕竟有限,所读材料不能脱离他们的实际,宜由浅入深,逐步加大难度,

让他们始终享受到成功阅读的乐趣。开始时可让他们读童谣、广告、标签、简易配图故事等，到了高年级，则可使其涉猎科普读物、童话、游记等。教师应做好学生英语阅读的总体规划，分级推进，稳步发展，并要时时检查、及时调整内容与方法，保证英语阅读的实效。

(3)方法得当，质量第一

①选择适当的教学模式

阅读教学模式有3种：自下而上、自上而下和交互补偿。由于第一种和第二种都有局限性，所以一般以采用交互模式为佳。尽管很多研究都好像在说自下而上的模式应该受到重视构成阅读困难的主要是词汇问题，但如果阅读教学太注重词汇的训练则会剥夺学生对阅读的兴趣，因为在阅读中令学生感兴趣的不是故事的词语，而更多的是故事本身(包括其中的人物、事件、蕴含的哲理、观点和思想等)，故事的知识性、趣味性等。所以，阅读教学所采取的模式应是以自上而下的模式为主，以自下而上的模式为辅。

②采用正确的教学步骤

阅读教学的开展应包括"读前活动""读中活动"和"读后活动"3个阶段。"读前活动"为阅读的导入阶段。在此阶段的主要任务有两个：一是背景知识的激活，二是提前学习新词。教师应根据学生和阅读材料的具体情况选择适当的操作方式。

开展"读前活动"的主要目的是：1)激发学生阅读的动机；2)激活和提供必要的背景知识；3)引出话题；4)为进一步阅读扫清语言障碍。

"读中活动"阶段以学生阅读为主。为了保证阅读的有效性，必须交代清楚阅读的任务。该阶段所设计的活动以训练学生的阅读技能为目标。具体可采用如下活动：1)浏览以了解文章的大意；2)捕捉具体信息；3)将信息图表化；4)记录文章的要点和具体信息；5)勾画文章的结构；6)回答事实性问题；7)回忆推理性问题；8)将事件排序；9)根据上下文推测词义；10)理解文中的复指现象。

"读后活动"阶段的目的有两个：一是根据阅读内容所进行的各种思维活动；二是鼓励学生将所阅读的内容与自己的经历、知识、兴趣和观点相联系。具体包括：1)阅读质量的检查评估，可通过提问、书面检查等形式；2)对学生阅读过程表现的评估，如通过学生自我汇报的方式；3)对策略使用的评估，如组织学生就自己的阅读方式进行讨论，也可通过问卷和写读书笔记的方式进行；4)依据所阅读的材料进行口头或笔头练习，如角色扮演、大意复述、采访活动等；5)将阅读信息与材料外的信息相连，如换角色讲故事、介绍自己类似的经历、模仿写作等。

(二)小学英语阅读的训练方法与教学策略

1.小学英语阅读训练方法

(1)朗读与默读的区别

英语阅读可分为默读与朗读，二者在读的方式、速度、目的和技巧运用上有本质的区别。多年来，我国的英语教学，尤其是初级阶段的英语教学，多以学生朗读课文、教师讲解句型和语法为主，朗读在课堂上所占的比例远远大于默读的训练，结果造成了许多学生在学了多年英语之后,仍习惯逐字逐句地读出声音,不仅阅读速度慢,而且理解能力差,大多只读懂一字半句,很难达到对篇章的完整把握。了解默读与朗读的区别有助于分析不良阅读习惯的根源,也有助于针对不同目的采取不同的阅读方式和方法。

　　默读与朗读的区别首先是读的方式的区别,前者无声,后者有声。默读中,用的是眼和脑,而朗读中,除了脑、眼之外,还要有发声器官的参与,这自然导致读的速度有快慢之分。朗读要字字清晰,讲究抑扬顿挫,所以读的速度不可能很快。默读则不然,读者既可以逐字逐句,也可以一目十行,还可以回头看,根据不同的目的和需要可随时调整速度。从读的目的看,二者需要运用的技巧不同。朗读要在理解的基础上运用语音语调和停顿等技巧,并时时要注意对感情色彩的准确把握;默读则要求读者掌握熟练的快速阅读技巧(如浏览),在快速阅读中抓住线索,追踪情节,进行推理、判断、归纳、概括和总结,从而掌握文章的中心思想,理解作者的态度和观点。

　　为了全面有效地提高学生运用英语的水平和能力,我们对默读与朗读都要高度重视,不可有所偏废。今天是知识爆炸的信息时代,日常生活中有无限的文字信息需要我们在有限的时间内处理,没有快速的默读能力和过硬的理解能力是无法做到的,所以,我们在学生学习英语的初级阶段就要注意抓好学生的默读训练,帮助学生养成良好的默读习惯。而朗读则是进行口语训练的基础,它一般安排在学生对文章进行默读之后进行,因为学生理解了文章,才会去关注文章以外的语音语调的问题,也正因为理解了文章,朗读才能声情并茂。此外,选择朗读材料时应考虑学生的实际,材料的体裁和内容应该是孩子较为熟悉的故事、诗歌、信件或演讲稿,而句子结构复杂、理论性或科技性较强的文章更适合用默读的方式,且宜在高年段进行,因为这需要一定的英语基础知识和相当的阅读技能。

　　(2)朗读的训练方法

　　在儿童学习英语的初级阶段,可选择一些短小精悍的与儿童生活世界(包括精神世界与物质世界)有密切联系的儿歌、小诗、故事等供他们听和读,以提高他们的听力和朗读技巧。儿童为什么喜欢有韵律的儿歌?除了儿歌本身的韵律美可以满足儿童的审美需求外,还可能与儿童的语言能力发展有关。儿童喜欢说叠字,这可能是语言运动分析器皮下中枢孤立的返回冲动的结果。这种皮下中枢尚未与别的中枢建立完整的神经联系时,会产生一种孤立的返回冲动作用,这可能便是说叠字的神经基础。儿童记忆的规律告诉我们,最早出现的句子与最后出现的句子更容易在大脑中留下痕迹,因此容易被记住。有韵律的儿歌短短数行,首尾接近,儿童喜读易记。

　　指导儿童朗读时重点要帮助儿童掌握正确的语音语调,同时要注意感情色彩的准确把握,做到发音清晰,快慢得当,强弱适度,演绎得体。要精心选择朗读材料,内容应健康,文笔要优美,有趣味,易上口。

　　朗读要持之以恒,要贯穿于学生学习英语的始终。良好的朗读习惯会让学生终身受益。教师可以规定学生每天朗读15分钟,材料可统一,也可自选,要有督促和检查,并向学生及时反馈,以强化学生的朗读习惯。平时的朗读训练,我们可以借鉴以下几种朗读训练法:

①范读。教师示范朗读或播放录音,目的是让学生感受正确的语音语调。因为是学生模仿的主要对象,所以教师的范读必须清楚、准确,节奏必须适合学生的接受能力,并要饱含感情色彩;录音最好是母语使用者读的,原汁原味的英语是学生学习的最好版本;

②领读和仿读(即跟读)。学生跟着教师或录放机齐读,领读时教师可适当讲解读物的含义,这样可以把朗读技巧的训练与思维能力的培养结合起来;

③轮读。在教师的指导下,学生以不同的形式(如个人、小组、排、男女等)轮流朗读;

④重读。着重读有文采、富有深意的个别句子或体现中心思想的关键段落。

此外还有选择朗读、高声朗读和背诵等。小学生对于教材几乎是每课必背,但这还远远不够,我们要精选一些幽默故事、美丽诗篇、雅致短文给学生去背诵,以丰富他们的英语文化素养。除了以上提到的日常训练外,每学期还可以在学校举办"英语文化周"活动,把"英语诗歌朗诵会""英语故事讲演会"作为活动的传统节目,精心策划,认真组织,这样肯定有助于调动学生英语朗读的积极性,有助于提高学生的英语朗读水平。

2. 小学英语阅读的教学策略

小学英语要安排适当的课时进行阅读专项教学,并应重视对阅读教学策略的研究,加强对学生阅读训练的指导,提高阅读教学的质量。

(1)读音法与"看—说"法

读音法即直接根据字母读音。英语拼写是比较难的,学生首先需要学会辨认读音和字母。但是一些英文字母的读音与其在单词中的实际发音并不是一一对应的,因此开始教学生读英语时,最好不要教字母的名称,即单个字母的读法,而要采用看字读音法(也有人叫它"直拼法"),即教字母在单词中所代表的音值,而不是教单个字母的名称。

教孩子学习发音的另一种方法是让他们重复在卡片或书上读到的单词,如可以将它们大声或小声、或快或慢地唱出来或者念出来,这样有助于学习发音,也能帮助孩子们记住单词。

教师经常用"看—说"法来教词汇,即在学生学习说一个单词的同时,学习认读。所以,课堂上要尽可能多地使用书面材料,如用单词卡贴标签或发指令。当然,生词通常是在一定的语境中学会的。这样的方法同样可以用来教短语或句子。孩子们在记忆一个单词或者短语时,使用的是同样的识别技巧。

许多教师会同时采用"看—说"法和读音法,还可以把这两种教法用到更有意义的材料中去,比如故事教学书。

(2)独立阅读——找信息

学生学会阅读意味着能把书面语作为语言输入的另一种来源。独自默读有助于培养他们的自信心和独立性。我们也可以让孩子单独朗读一小段,检查其发音。学生朗读前,应该有足够的时间做准备。

预测是思维过程中的重要组成部分,所以需要训练学生试着猜测所读内容的意思。学生可以通过以下几个方面猜测单词的意思:①语境,比如起始音通常传递某种意思;②图片,如书中的插图;③话题的相关背景知识;④像"but,so,because"这样的连接词;⑤以前曾注意过的东西。

多鼓励学生谈论他们读过的东西,这样做可以让他们明白自己所做的阅读是重要的。帮助孩子成为独立的阅读者是很实用的。例如,可以让他们将自己读过的内容转述给别人听。

(3)学生合作阅读

通过使学生参与合作的活动培养其阅读理解的技巧是一种比较有效的培养阅读理解能力、扩充词汇、促进学生间合作的教学手段,对于水平参差不齐的班级尤为有效。这样做被试者阅读理解能力有明显提高,词汇量增加,合作技巧得到发展。

①读前准备

该阶段的目的是:1)使学生在尽可能短的时间内了解与所要阅读的材料相关的信息;2)激活有关话题的背景知识;3)预测文中将要涉及的内容。该阶段可以激发学生阅读的兴趣,为下一步的阅读奠定基础。

该阶段由两部分组成:1)通过脑激励使学生了解有关阅读话题的知识,比如,教师可给学生1分钟的时间让其写出他们所知道的所有与话题有关的信息,然后再给1分钟时间汇总他们的信息;2)预测自己可能读到的内容,这时同样也可让学生将其预测写出来。

②细节阅读

该阶段的目的是训练学生监控自己的阅读理解,使其注意自己什么地方理解、什么地方不理解。当学生确定了自己不理解的语段以后,学生可以通过下列方式帮助理解:1)阅读句子,寻找关键词帮助理解单词;2)阅读上下句,寻找线索,猜测词义;3)寻找单词的前缀或后缀;4)拆分单词,寻找其合成部分。

③大意理解

该阶段要求学生做到两点:1)寻找段落中最主要的人物、地点、事件等;2)用自己的语言介绍有关这些人物、地点、事件的最重要的方面。

具体操作中,教师可首先提出阅读要求,学生带着问题阅读,然后组织学生分组讨论,总结主要意思,然后检查小组活动情况。请一个小组宣读自己所总结的中心大意,其他小组的同学进行评论,发表自己的不同意见。

④巩固

该阶段用于扩充学生的知识、促进学生的理解和对阅读内容的记忆。操作中一般是采用组织学生就阅读材料进行提问的方式。为使学生能够提出有一定深度的问题,教师可给学生示范各类问题的提问方式。

以上4步旨在培养学生的阅读策略。当学生在教师的指导下掌握了有效的理解策略之后,可以开展合作性学习。各合作小组可由6人组成,各自扮演不同的角色:1)组长:负责决定各阶段的任务,保证任务的顺利进行;2)问题专家:在学生猜测词义时负责用问题卡片提示操作步骤;3)监控员:负责组织组员参与活动,并保证每次只有一人说话;4)激励者:负责对每个组员参与活动的评估,鼓励人人参与,对小组下一步的活动提供建议;5)代言人:在全班的巩固阶段负责宣读自己小组讨论的结果;6)记时员:负责各阶段的时间跨度,提醒小组成员及时转入下一阶段。

二、小学语文阅读教学设计

阅读是现代教育中不可或缺的教育方式。阅读能力是可持续发展的学习能力。学会阅读,才能生存,才能发展。《语文课程标准》也指出:"语文是实践性很强的课程,应着重培养学生的语文实践能力,而培养这种能力的主要途径也应是语文实践。"语文阅读正是一种很好的培养能力的实践方式。在教学中,教师必须构建富有个性的、创新性的阅读教学,改变以前呆板的教学方式和以绝对权威的角色主宰课堂的局面,以全新的方式让学生在个性化阅读的广阔空间里自由发展,使得语文能力得到真正的提高。

(一)阅读教学理念

1. 什么是阅读教学

阅读是从写的或印的语言符号中取得意义的一种心理过程。广义上说,读书、阅报、读通知、看图纸,甚至看图像,都是不同形式的阅读活动;狭义上说,其专指阅读书刊报章的文字。在语文教学中,阅读则特指阅读语文教材中的课文和课外读物。

阅读是语文课程中极其重要的学习内容。现代的阅读观认为,一般意义上的阅读,是搜集处理信息、认识世界、发展思维、获得审美体验的重要途径。语文课程的阅读同样也应该这样理解。

阅读教学是指重点培养学生阅读能力而进行的一系列语文教学活动。阅读教学是教师指导学生凭借书面材料获取知识和技能,形成和提升语文素养的语文实践活动;是学生、教师、文本之间对话的过程;是学生在教师的组织、引导下,通过阅读实践,丰富语言积累,形成良好的语感,培养独立阅读能力的过程。它是语文教学的核心,是促进学生语文能力形成的重要环节。

"阅读"与"阅读教学"是两个既相互联系又有着严格区别的概念。阅读的目的是从书面语言中获取信息,而阅读教学的目的主要是培养从书面语言中获取信息的能力,即理解书面语言的能力;阅读是一种个体活动,而阅读教学则是在教师指导下的师生、生生之间的双向或多向交流活动;阅读的基本过程是借助语言文字了解语言文字所表达的内容,而阅读教学并不以了解内容为终点,它还要求学生领悟一定的内容是怎样借助语言文字来表达的,从而提高理解语言和运用语言的能力。

2. 阅读教学的理念

新课程标准更注重学生阅读能力的培养,而弱化了给课文分段、归纳段落大意和主要内容的要求;更注重阅读过程中的学生情感态度和价值观的形成;更注重学生阅读学习时的过程和方法,关注学生的终身发展。

阅读教学的理念,它是隶属于语文课程理念之下的一个概念,所以,阅读教学的理念应体现语文课程标准的基本精神。具体来说应体现出以下几个方面。

(1) 以读为本

新课程标准明确规定:"语文阅读教学的主要任务是培养学生的阅读能力和良好的阅读习惯"。因此,阅读教学要做到"以读为本"。

所谓"以读为本",就是要把"读"贯穿于课堂教学始终。让学生在课堂上通过朗读、默读、诵读等方式,把书读通,读连贯,朗朗上口,入情入境;使学生在读中识字、解词、析句、了解内容;在读中发现问题,大胆质疑,主动钻研,相互探讨,在读中积累方法。

(2) 注重语言积累,培养语感

《语文课程标准》在课程的基本理念、课程目标中都多次强调:指导学生正确地理解和运用语言,丰富语言的积累,培养良好的语感和整体把握能力;鼓励学生多诵读,在诵读实践中增加积累,发展语感,加深体验与领悟。由此可见,语感的培养在语文教学中占有重要的地位。

语感是对语言文字的敏锐感知、迅速领悟和把握的能力。语感的形成是一个长期积累的过程,没有积累,谈不上培养良好的语感。

① 从阅读的数量入手

指导学生广泛阅读各种类型的读物,拓宽视野,不能只局限于课本上的几篇课文,只有通过大量阅读,才能自觉不自觉地增强语感,提高语言文字的理解和领悟的能力,感悟语言文字在表情达意方面的奥妙。

② 要善于积累各种语言材料以培养语感

在阅读教学中指导学生使用积累的方法:在形式方面,可采用摘抄法、背诵法等;在内容方面,可积累自己喜欢的格言警句、优美词语、精彩句段等。

③ 要联系生活经验,丰富对语言、文字的感悟力

语感的敏锐,不能单从语言、文字上去揣摩,还应当把生活经验联系到语言、文字上去,让学生真实地感悟到语言传情达意的妙处和规律。同时引导学生走进课文所提供的社会生活中去,扩展学生的人生阅历,让学生在感悟语言的同时,体验人生百味,感悟人生的意义,从而进一步丰富学生敏锐的语言感悟能力。

(3) 珍视学生独特的感受、体验和理解

语文课程具有丰富的人文内涵,它包含政治、思想、道德、价值观、文化、文学、美学等诸方面的内容。每一个学生都有自己独特的经验世界和情感世界,他们的知识基础、生活经历、情感体验、思维水平、认识风格各不相同,所以,不同学生对同一篇文章的反映必然带有鲜明的个性特点。

个性化、情感性和创造性是学生学习语文的基本特征。阅读是学生的个性化行为,不应以教师的分析来代替学生的阅读实践;应让学生在主动积极的思维和情感活动中,加深理解和体验,有所感悟和思考,受到情感熏陶,获得思想启迪,享受审美乐趣。我们要珍视学生独

特的感受、体验和理解。教师要积极创造条件,营造氛围,促进学生进行自主学习,积极进行探究性阅读和创造性阅读,以使学生能有自己的发现,能获得自己的见解,同时,也要鼓励学生勇于以自己的方式表达自己的独特感受、体验和理解。珍视阅读过程中学生独特的感受、体验和理解,就要让学生有充分的时间去读书、思考,使学生在读中整体感知,在读中有所感悟,在读中培养语感,在读中受到情感的熏陶。

强调学生独特的感受、体验和理解要注意,不能片面地追求学生的个性化感悟、体验和解读,而忽视了教师应有的引导和指导。如在让学生续编龟兔赛跑故事时,有位学生想出了让乌龟在第二次龟兔赛跑中再次获胜的办法:请个小乌龟帮忙,在岔路口把路标转换方向,使兔子跑错路,到不了终点。对这种"创造性"思维,教师应从思想道德方面去进行正确的引导和纠正,否则,非但不能提高学生的阅读能力,还会使学生的价值观、人生观及情感态度走向歧路。

(二)阅读教学内容

在语文教学中,阅读教学担当着特有的任务:提高学生正确理解语言文字的能力;在阅读训练中,使学生的知识获得增长,认识得到提高,思维获得发展,情操得到陶冶,审美情趣得到培养。依据知识与能力、过程和方法、情感态度和价值观三个维度的语文课程目标,阅读教学有以下主要内容。

1. 语文知识

(1)句子教学

句子是构成段落篇章的基础,人们要用语言和文字交流思想、表达情感,都必须以句子的形式出现。句子的学习直接影响学生语文能力的提高,所以,句子教学是阅读教学的重要内容。

①句子教学的内容

句子教学的内容包括三方面的内容:一是建立句子的概念,能把一句一句话分辨清楚;二是能准确地理解句子的意思;三是能从具体意思上知道句子与句子之间的关系。

②句子教学的重点

句子教学的重点是准确地理解句子的意思。一篇课文包含着若干个句子。进行句子教学,没有必要指导理解所有的句子。一般来说,对以下几类句子需要重点进行教学:含义深刻的句子;对于表现主题思想有较大作用的句子;内容和结构都比较复杂的长句;生动形象的句子;在文章结构上有特殊作用的句子;难以理解的句子。

(2)篇章教学

①篇章教学的内容

篇章的教学是在学生能够理解词句,读懂自然段的基础上进行。这里包含的内容有四个方面:一是理清文章思路;二是把握课文的主要内容;三是了解课文的中心思想;四是体会课文的思想情感。这四个方面的内容,体现了篇章的教学要求逐步提高的不同层次。在不同学段,应有所侧重地加以训练。其中前两项的教学主要在低中年级进行,后两项主要是在中高年级进行,是中高年级阅读教学的重点。这四个方面的内容又是紧密联系、环环相扣的。所以篇章的训练内容在不同的学段虽然各有侧重,但绝不能截然分开,孤立地进行,而要把它们有机地联系起来。

2. 阅读能力

阅读教学的重点是培养学生具有感受、理解、欣赏和评价的能力,逐步培养探究性阅读和创造性阅读的能力。

(1)阅读感受力

阅读感受力即对语言文学的认知感受能力,包括认识字形、读准字音、弄懂字义、了解文意,初步感知作品中生动的形象和优美的语言等;要求学生能与他人交流自己的阅读感受。小学低年级以培养阅读感受力为主,重点培养阅读兴趣。

(2)阅读理解力

阅读理解能力指在阅读感受力的基础上,深入到文章的字里行间去获取其意义的能力。其既有对词、句的理解,又有对段、篇的理解,要通过课文言语认识课文所要表达的内容,进而领会作者的思想感情,又要认识作者是如何运用语言来表达情意的,进而体会表达的精妙,学习语言表达技巧。理解是对阅读的基本要求,是阅读能力的核心。狭义的语境,就书面语来谈,指的是上下文。一般来说,相关的句子、语段是词语的语境,相关的语段、全篇是句子的语境,全篇是语段的语境,作者写作时的思想感情倾向、社会或自然环境是全文的语境。所以,理解应该词不离句、句不离段、段不离篇;要提高阅读理解力,就要确立语境观念,提高在语境中理解分析问题的能力;要理清思路,把握文章。叶圣陶先生曾说:"作者思有路,遵路识其真。"文章的思路是由文章的内容决定的,理清思路有助于深入把握文章内容。要根据词序理解句子。从句与句之间的关系,理解一段话所要表达的意思,再根据各段间的关系,来理解一篇课文所表达的中心意思。

(3)阅读欣赏力

阅读欣赏力指在全面理解的基础上,上升到对作品思想内容和语言形式的审美,要求驱遣想象,反复品味,实现情感体验,获得审美享受。这是一种较高层次的阅读能力。在欣赏文章时,要充分联系自己直接的或间接的生活经验,开展积极的思维活动,运用想象把文章中写的各种情景事物再现出来,使人如临其境,如见其物。

(4)阅读评价力

阅读评价力指在全面、深刻理解的基础上,对作品内容、形式的是非、优劣、得失进行理性的鉴别和评判,实现价值评估。它要求读者跳出作品之外,与作者保持一定的距离,依靠作品内在的证据和外在的准则出入作品内外,反复对照权衡,客观公正地做出科学评价。评价作品时应注意什么呢?首先,实事求是的态度,评价要有分寸,要有根有据,既不无限拔高,也不故意贬抑;其次,评价必须建立在充分理解作品的基础上,学会做具体分析,不能望文生义,更不能架空评价;再次,见仁见智,不能强求一致。

(5)阅读迁移力

阅读迁移力指在理解鉴赏的基础上,触类旁通,举一反三,完成文本向实践的迁移,完成语文知识向阅读能力的迁移,完成阅读能力向语文素养的各个方面的迁移。架设由"章"及"物"的桥梁,达到读者阅读的最终目的,培养实践能力和创新精神,培养并发展人文精神。

3. 阅读方法

新课标要求学生"学会多种阅读方法"。阅读方法大致可以分两类:一类是与阅读内容密切配合的途径、方式等,如结合上下文阅读,借助字典、词典阅读,联系生活实践阅读等,这是广义的阅读方法;一类是相对独立的狭义阅读方法,如朗读、默读、背诵等。下面就语文阅读教学中一些常用阅读方法进行介绍。

(1)精读

精读是一种为了达到对读物的充分理解而进行的阅读。这种方式要求认真、仔细、精确地研读读物,最后完全理解阅读材料的内容和形式。具体地说,在理解方面,要求对文章的词、句、段、篇进行深入的分析和思考:对于词句,不仅要了解它表达的直接意义,还要领会它的深刻含意;对于段落,不仅要概括它的大意,还要懂得它在全篇中的地位和自身的结构;对于全篇,不仅要领悟它的主旨,还要明了它的结构方式和作者的思路。在欣赏方面,要求联想丰富、反复吟诵,品味领悟文章语言运用的精妙所在,还要深化理解课文的内容、思想和情感。在评价方面,要求能够对文章所表达的思想内容和表达方式做出客观的衡量和判断。从阅读方法来看,精读是阅读应用前的准备,是略读、快读的基础。语文课本中的讲读课,都要求精读。精读教学指导一般有以下几个步骤:

①全面理解,逐次研读。即逐字逐句、逐段逐章地去钻研,做到精细理解,全面把握。

②仔细品味,融会贯通。即对文中的关键词句要推敲琢磨,达到透彻明了,全面领悟。

③读思结合,边读边记。

④灵活运用多种精读方法。如朗读涵泳法、质疑思辨法、比较阅读法、表达阅读法等。

(2)略读

略读是相对精读而言,指以较快的速度,对读物大略地读,以获得文章的大体印象或找到所需要的知识信息。和精读相比,略读有如下一些特点:从对读物信息的感知来看,它不如精读那样纤屑不遗,而是重在搜寻有用信息;从对读物内容的理解上看,它不像精读那样"字求其训,句索其旨",而是略"次",抓"要",略"小"抓"大";从阅读的要求来看,精读追求的是读物整体的把握,略读追求的是读物的重点;从学习的程度上看,精读在先,略读在后;从应用价值来看,精读是准备,略读才是应用。略读教学指导一般有以下几个步骤。

①把握大意,抓住重点

略读训练,重在让学生把握材料大意,准确捕捉关键信息,因此,要注意教给学生把握要点、捕捉信息的各种方法。如善于捕捉课文中的语言信息,开篇中的语言信息,反复出现的语言信息,前后呼应的语言信息,标题中的信息等;充分重视作者用来强调信息的各种方式,如注意段落之间转折和联系的标志,注意在"综上所述""总而言之"等词语之后所做的简短概括,注意展示信息的小标题和突出重点的着重号、黑体字等,注意课文前的预习提示、课文后的配套习题,这些都为学生准确理解课文提供了重要信息。另外,文体不同,所提供的信息也会有所不同,教师要注意教给学生如何根据不同文体抓略读要点的方法。

②提高阅读速度

略读训练要以准确理解为前提,同时也对阅读速度提出了较高的要求。略读训练是从"质"和"量"两方面提高阅读效率的训练。要提高阅读速度,就要做到:只用眼,不用口,不重复。要克服朗读和默读时发音器官与视觉器官同时活动的习惯,减少信息传递的环节,缩短反映过程,加快阅读速度。视觉所反映的对象并不是一个点或一条线,而是一个有一定长度和一定宽度的区域。经过训练,可以在主要注意某一点某一行的同时,视野涉及前后左右的一定区域,区分主次,有选择地捕捉重要的、自己需要的信息。这就是古人所说的"一目十行"。

学生围绕略读目的略读后,教师应引导学生围绕这些目的分组讨论交流,然后每组推荐代表向全班同学报告讨论结果。

(3)浏览

《语文课程标准》在第三学段的阅读教学中提出了"学习浏览,扩大知识面,根据需要搜集信息"的要求。浏览指大略地阅读课文,目的在于提取所需信息。浏览与略读都是大致地读,但目的和方法不尽相同。略读的目的在于粗知文章大致的内容,侧重于整体式的阅读;而浏览的目的在于提取所需的信息,可以采用"扫读"(即很快地扫视过去)的方式进行。

(4)复述

复述,就是用自己的语言或课文中的主要语句,把课文的内容叙述出来。新课程标准只要求复述叙事性作品的大意,通过复述,初步感受作品中生动的形象和优美的语言,关注作品中人物的命运和喜怒哀乐,与他人交流自己的阅读感受。复述训练要在学生具有一定的阅读能力的基础上进行,一般从中年级开始。

①复述的主要形式

详细复述。这是一种接近原文的复述,可以复述全文,也可以复述片段。

简单复述。指抓住要点,不关注细节,语言简练地复述。这种复述方式,有助于帮助学生把握文章大致内容,培养学生的概括能力。

创造性复述。这种复述包括改变人称,如把第一人称改成第三人称复述;改变叙述顺序,如把倒叙改成顺叙复述;扩展内容的复述,如增加一些情形或细节,或续编故事等。

②复述教学指导的一般步骤

明确划分界限。教学过程中,常容易出现这样几种情况:详细复述,学生把它变成了背诵;简略复述,学生把它变成了概括段意和中心;创造性复述,学生把它变成了没有根据的任意发挥。因此,教学过程中,教师要反复给学生讲清楚各种复述方式的要求。如第三种情况,教师应告诉学生,复述与课文有不可分割的内在联系,离开了课文的复述是不符合要求的。

认真示范。在复述训练开始的时候,教师应给学生认真示范。

加强辅助手段。如指导学生编列提纲,按提纲复述,也可以出示挂图,让学生看图复述。

(三)阅读教学策略

1.阅读教学的基本策略

(1)以人为本,注重人文熏陶

以人为本,重视人、关心人、提升人的素养应该是小学语文教学的宗旨。《语文课程标准》指出,"学生是学习和发展的主体""学生是语文学习的主人"。这就明确了学生在语文教学中的主体地位。可见"以人为本"是小学语文课程改革的核心,而"以人为本"的核心是学生的发展问题,即让学生主动地、生动活泼地得到各方面的发展,促进学生可持续发展。

(2)以读为根,使阅读教学返璞归真

《语文课程标准》提倡要"少做题,多读书",其根本途径就是把读书时间还给学生,把学生从烦琐分析中解放出来,把他们引向名著的海洋。使阅读教学返璞归真,也就成了小学语文教师义不容辞的责任。

(3)自主探究,张扬学生的个性

阅读是一种再创造的过程,它带有强烈的个性特征。《语文课程标准》明确指出,阅读是学生的个性化行为,不应以教师的分析来代替学生的阅读实践;应让学生在主动积极的思维和情感活动中,加深理解和体验,有所感悟和思考,受到情感熏陶,获得思想启迪,享受审美乐趣;逐步培养学生探究性阅读和创造性阅读的能力,提倡多角度的、有创意的阅读,利用阅读期待、阅读反思和批判等环节,拓展思维空间,提高阅读质量。由此可见,新的阅读教学理念主张尊重学生的阅读自主权,使阅读成为学生自主探究、张扬个性的过程。

(4)多元开放,构建弹性设计

阅读教学是对话的过程,是一种意义构建的过程,是师生的人生价值得以实现的过程。这个过程充满多元性、不可预测性和不确定性,它强调学生的自主探究、愿望生成和合作发展。

2.阅读教学程序设计策略

(1)阅读教学程序设计思路

①宏观定段

所谓"宏观定段",是指从宏观看,小学语文阅读教学的过程,大致可分为初步综合阅读、局部分析阅读、深入综合阅读三个阶段。也有人说这是根据程序设计的时序性来划分的。所谓"时序性",即指教学环节的组合形式必须是前后连续、衔接紧密的纵向流程,不能是教学活动的断面描述,更不能是纵横夹杂的混乱堆积。它是沿着一篇文章字词句篇的讲析,从前到后,从简到繁地使学生掌握语文知识、形成语文能力。教师处理教材的思路是"整体—部分—整合",学生在课堂上的学习过程是"理解分析—体会含义—概括归纳"。

②中观定序

所谓"中观定序",是指根据每一个阶段的目标、性质和任务,分别设计出具体的教学程序。

③微观定步

所谓"微观定步",是指对每一阶段的每一程序,还须做出精心的步骤设计,使教学程序得到分解,使教程真正落到细处、实处,具有可操作性。

(2)课文阅读教学的一般步骤

①初读课文,整体感知。

②精读课文,一部分一部分地阅读理解,逐步加深对课文思想内容的认识。在分部分精读课文时,一要重视对词、句、段的理解,离开词、句、段,整篇课文也就不存在了。特别是那些表现主要内容,突出中心思想的重点词、句、段,学生难以理解的构成难点的词、句、段,一定要指导学生求得准确的理解,要真正读懂。这是读懂整篇课文的前提。二要加强部分与部分、部分与整篇课文的联系。要注意引导学生在句与句、句与段、段与段、段与篇的联系中积极思考,求得理解,切忌把各个部分割裂开,孤立地理解。三要分清主次,不平均使用力量。重点部分要熟读精思,理解透彻,非重点部分可以一读而过。

③回到整体,获得对整篇课文全面、深刻的理解。

(3)小学语文阅读教学程序的思路设计

①从题目提炼

课文的题目,是全文的"旗帜"和"窗口",抓住题目,才能得其要旨,理出主线,串起全文。

②从题眼提炼

题目中能警策全题的一个关键字(词),一般称为题眼。题眼不仅提挈全题,而且往往能通过提挈题目而揭示课文要义,成为统领全文的契机。因此,抓住题眼来提炼主线不失为上策。

③从段意提炼

有些课文的段意可归结为很有特色的小标题,便自然地形成了课文主线,作为研读,很能激发学生的阅读情趣。

④从情节提炼

对故事性强的课文,也可以从故事情节中提炼出主线,但这种提炼必须有很强的联系性,方能激起学生的情趣。

⑤从反复中提炼

适合孩子心理特征的作品常常采用反复的手法，因而课本中这类课文比较多见。作者采用反复的地方，往往是文脉的呈现，如能抓住便可比较容易地升华归结出课文的主线来。

⑥从评析中提炼

对一些内容特别复杂，情意特别含蓄的课文，提炼主线有一定难度，教师也可以引导学生先评议课文，从评议中发现抓手，从而拎出主线。

第三节　小学英语、语文写作教学设计

一、小学英语写作教学设计

(一)小学英语书写和写作教学的基本要求

书写与写作是一种表达，它与读构成一种反向运动。语言正是通过交流而存在，在交流的过程中孩子学会了语言。书写与写作对于儿童的精神、思维、生存还有另外一个意义，即是一个自我丰富与发展的过程。他们正是通过"写"将自己朦胧的思想、情感、感受、体验明晰化，对零星、残缺的思想片段进行修正、补充、发展，使其相对完整化与逻辑化，将纷乱无序的思想系统化。写作是一个复杂的心理过程，需要运用多种智力活动，如观察、感悟、想象、比较等，因此，写的过程也正是这些能力提高的过程。

1. 正确认识书写和写作教学

当代教学观认为，学生在掌握知识的过程中，必须提高运用知识的能力，包括认识能力与操作能力。英语学习必须以可理解的大量英语语言信息输入——"听"和"读"为前提，但要真正掌握英语，形成综合运用英语的能力，仅靠语言的输入是远远不够的，还必须通过大量的语言输出——"说"和"写"来检验和促进英语语言知识的掌握与运用能力的形成。

书写与写作教学有助于词汇、语法、句型、课文等语言知识的学习，并能够促进听、说、读和思维能力的潜在性发展，同时，听、说、读和思维能力的发展又反作用于写的能力的培养。写作教学对于帮助学生了解英语思维的方式、形成用英语进行思维的习惯、提高学生综合运用语言知识的能力大有益处。

2. 书写与写作教学的原则

书写与写作是一种书面交际形式，英语书写与写作如同汉语写作一样，是人们交流思想感情、传递信息的工具。但是，这种创造性运用语言的活动对于刚刚开始接触英语的小学生来说无疑具有一定的难度，若处理不当，容易让他们产生畏难情绪从而失去写作兴趣。伟大的教育家孔子说过："知之者不如好之者，好之者不如乐之者。"在书写与写作教学过程中，教师要把握书写与写作教学的原则,有效地激发学生的写作兴趣。

(1)由易到难,循序渐进

儿童语言发展具有一定的阶段性。回忆我们每个人的成长历程,我们是不是都先学会听和理解身边的语言,然后再渐渐地学会通过说来表达自己的思想感情呢?是的,儿童获得说的能力通常先于写的能力,而从说到写的转化过程是儿童认知能力的飞跃,也是一个比较困难的过程,不可能一蹴而就,它需要我们有极大的耐心,针对儿童不同的年龄阶段、不同的要求和学生写作能力的现状,设计一些难易适当又充满童趣的写作任务。任务太容易则缺乏挑战性,学生收获甚微,太难则难以完成,使学生产生恐惧或焦虑的心理。尤其是对于低年级的小学生,教师首要要以教材为主线,根据教材的主题或语言点设计较为单一、易于完成的写作任务。例如,在巩固大小写字母的时候,有的教师让学生一遍又一遍地反复抄写字母的大小写,令学生感到索然无味。其实,我们完全可以避免这种无趣的机械性抄写,换成一种更能让孩子喜欢的方式,如:这些小蝴蝶(一边翅膀上写有一个大写或小写字母)很孤独,因为它们的好朋友不见了,你能给他们找到好朋友,然后将它们的名字写在小蝴蝶的翅膀上吗?可以想象孩子们会带着多大的热情去完成这个充满爱心的作业。在布置写作任务的时候,教师要考虑学生的现有知识水平,不要把难度定得过高。比如学生刚刚接触到简单的单词就要求他们看图写话,会令学生望而却步。要知道,尽管树上的苹果对孩子具有相当大的吸引力,但是,如果孩子使劲跳起来还是摘不到苹果,便很有可能会选择放弃。

(2)贴近儿童的生活

人类的语言源于生活,用于生活。学习一门外语同样离不开生活的体验。因此,教师在设计写作任务时,要尽可能地选择一些学生比较熟悉又比较感兴趣的内容,有意识地将课本内容向学生的实际生活延伸。写作与他们的生活紧密相连,学生乐于参与,变"要我写"为"我要写",使英语写作真正成为学生精神发展的需要,成为学生自我生命的内在要求,而不是一种不堪忍受的负担。其实这样的要求是每一个人与生俱来的,儿童尤其强烈,但是需要教师的引导。

(3)创设生动有趣的情境

英语情境教学就是把"快乐学英语"的理念融入英语教学,让孩子们不知不觉地置身于英语的环境中,感觉到英语学习的乐趣。在写作教学中,通过创设生动的情境不仅能够营造氛围和意境,激发学生的学习热情,而且更易于创造、模拟母语学习环境,使写作教学在科学而且正确的方向上进行。要在多姿多彩的真情实境中,拆除传统教与学的樊篱,让师生和谐地融合为一体,在欢乐、活跃的氛围中激发学生的参与意识,培养学生的学习兴趣,化抽象为直观,化刻板为生动,帮助学生寻找到英语学习的捷径。

教学方法一旦触及学生的情绪和意志领域,触及学生的心理需要,这种教学就会变得高度有效。充满童趣的直观情境,如一幅美丽的图画、一盆盛开的鲜花、一组同学妙趣横生的小表演、一条谜语等,都能帮助学生更好地理解语言材料,并在瞬间激发他们的表达欲望和写作热情。

只有当情境具备生活化的特点时,语言的运用才可能真实、自然,才能引起学生的关注和兴趣,激发他们表达的欲望,从而积极地投入到写作活动中去,自然地理解、感知和运用英语。如学习了"Sports"一课后,可让学生给自己制订一个健身计划,也可考虑让学生写出在下次运动会上自己准备报名参加的项目交给体育课代表。

小学英语教材本身蕴含着丰富的情境。如教科书全部采用彩色图画,情景会话贯穿始终;教材紧密结合儿童好奇、好动、爱说、爱唱、善模仿、爱表演的特点编排和设计教材的内容与形式。教材中安排了大量儿童喜闻乐见的故事、对话、歌曲、游戏、谜语、小诗和些浅显易懂的寓言故事。在"Stay in the Space Hotel"中,有精美的太空图片和对太空旅馆的描述。教师可让学生根据图文想象在太空旅馆里我们将能享受到怎样的服务,能做哪些在地球上无法做到的事情。

随着教学中多媒体技术的引入,灵活运用各种电教手段,为学生提供真实自然的语言情境已不再是梦想。多媒体的运用使写作情境更加直观明了,并能多方面调动学生的感官,让学生多渠道地获取信息。如在教"Plants"一课时,教师可以先播放一段录像:一粒种子随着风儿飘落在地,长出细细的根,发出嫩嫩的芽,在阳光雨露的滋润下慢慢长成一棵大树;然后要求学生用"first, then, after that, finally"等词引导的句子将植物生长的过程记录下来。

(二)小学英语书写与写作的教学策略

如果要给小学英语写作一个界定的话,它可以分为两个部分:一是知识巩固性的笔头操练,如拼写单词、听写句子、句型转换、造句等;二是思想表达性的写作,如写邀请卡、描述一幅图片、表达自己对某一件事情的态度等。教师的主要作用应该是指导、启发、示范、商讨、鼓励和讲评。整个教学过程必须以学生为中心,充分发挥学生的主动性和创新精神,达到以写作促学习、以写作促发展的目的。

1. 英语书写的教学策略

在教孩子学习写英语时有两点很重要:第一是孩子的年龄;第二是他们对罗马字母书写系统的熟悉程度。刚开始学习写英语时,需要训练儿童手指对笔的控制,保持书写整洁;注意字母的构成和笔顺;熟悉英语发音和拼写之间的关系;记住每个字母的外形;正确使用大写字母和标点。

(1)抄写与听写

抄写的作用在于感知和熟悉词汇、语段的构成形式,养成良好的书写习惯,熟悉大小写及标点符号的运用。抄写是一种比较机械的写作形式,容易让学生感到枯燥而出现用手不用脑的情况,因此,每次抄写的次数不宜过多。

听写是检查和巩固所学语言材料的方法之一。开头不能太难,可以从单个的单词入手,慢慢过渡到听写完整的句子。

(2)拼写与完句

拼写是把读和写联系起来的活动。现在使用电话多了,人们在询问电话号码时常需要出声地拼出名字和地址。

根据所给句子的开头或结尾,按照一定的句子结构和正确的逻辑关系将内容补充完整。

(3)分类与匹配

按照一定的标准,将同类或不同类的内容找出来以强化对词义的准确理解,培养学生敏锐的观察和辨别能力。

教师书面列出两组有一定联系的句子,要求学生发现它们之间的关系然后用某种形式将它们连接在一起。

(4)缩写与扩写

缩写即要求学生用一定的字数概括所给的一篇短文或课文。缩写对象可以是全篇文章,也可以是一个段落,旨在培养学生分析、概括和提炼语言素材的能力。

扩写可以分为扩写句子和扩写短文或对话。学生在不改变原文大意的前提下,根据自己的思路,发挥想象,添加内容。

(5)造句与补写

造句即教师给出一个词或一个句型,要求学生写出一句符合语法和习惯意义的完整的句子,句子最好要有交际性和真实性。造句可分为"自由型"和"限制型"两种形式。所谓"自由型"指所造句子只需要意义明确,句子的长短、结构不受限制。而"限制型"通常用来操练某一特定句型,它要求不能改变句子的结构或时态。

补写即要求学生根据所给的情景填上缺少的单词、词组或句子,使其意思完整,如补全对话等。

2. 英语写作的教学策略

写作既是教学的目标又是实现目标的方法和途径。方法的设计和选择是由写作的任务所决定的,因此,确定任务的内容、形式和要求是关键。在这一点上我们应该遵循两个原则:一是符合小学生写作技能形成的心理或认知规律;二是遵循写作教学的规律。《标准》也为我们实施写作教学提出了很好的建议,以下六点供大家参考:一是活动要有明确的目的并要有可操作性;二是活动要以学生的生活经验和兴趣为出发点,内容和方式要尽量真实;三是活动要有利于学生学习英语知识、发展语言技能,从而提高实际语言运用的能力;四是活动应积极促进英语学科和其他学科间的相互渗透和联系,使学生的思维和想象力、审美情趣和艺术感受、协作和创新精神等综合素质得到发展;五是活动要能够促进学生获取、处理和使用信息,用英语和他人交流,发展用英语解决实际问题的能力;六是活动不应该仅限于课堂教学,而要延伸到课堂之外的学习和生活中。

(1)仿写

朱熹说:"模拟者,古人用功之法也。"仿写就是按照固定的形式或格式,给学生提供范文,学生进行模仿写作,即借助范文学习语言、章法和表达技巧。仿写可用于句型结构的操练,也可用来练习"letter,invitation,routine,weather report,riddle,poster,poem"等体裁的写作。例如,在学习了"Want to have a fun holiday?"之后,可要求学生写一篇短文介绍自己家乡的某一处风景名胜,并在班上交流,比一比谁的介绍最有吸引力。通过比较练习引导学生观察中英文语言结构、表达方式以及语意之间的差别。

(2)改写与续写

改写指改变课文中的人数、改换故事中的主人公、改变课文的体裁或故事情节。续写要求学生将一个故事或一段对话按照自己的思路继续写下去,它是培养学生想象力和发散性思维能力的途径之一。因为续写的答案是开放性的,学生可以无拘无束地展开想象的翅膀。

(3)利用故事开展写作的活动

我们在介绍主体内容时,一直把写的重点放在单个的词、短语和简单的句子上,但学生也需要得到教师的帮助以便能够写出一些连续的、有一定长度的内容,比如写小故事。教师可以用学生都熟悉的故事来开展这种写的活动。如果学生以班级为单位进行集体活动,他们还能学会互助与合作。还可以组织学生写一个他们熟悉的故事,他们不仅是在复习学过的语言,同时也是在学习如何写一个完整的故事。

故事对孩子来说再熟悉不过了。他们知道故事的基本结构有开头、具体情节以及各种可能的结尾。此外,他们还十分善于讲故事,这在课堂上可以派上用场。

孩子们都听过用母语讲的小红帽的故事,而且也谈论过故事中的人物。现在他们要自己概括这个故事,在教师的帮助下写出他们能记住的情节。最后他们还要画一些连环画来展示故事的内容。

围绕故事提问题。片断中教师向孩子们提问、模仿片断并注意正确使用语调、根据问题写出答案是最常用的写作练习之一。问题可以分为两类:一类是阅读之后的理解性问题;另一类是根据实际情况做出真实的回答。同时我们还应该鼓励学生主动提出问题,养成敢于质疑、善于思考的良好学习品质。

概括故事大意。将备课纸分为左右两块。在左边的部分,将小红帽故事的主要情节简要地写下来,用过去时和现在时都可以,注意留有一定的行距。在右边与左边对应的位置上写下两个问题:一个用来检查学生的理解情况,另一个让学生给这一行添加一些故事内容。

(4)体验编书的乐趣

孩子都乐意亲自动手来编一本书,这样他们会很有成就感。他们可以做手抄本或者用电脑打印,并留出空白以便以后贴上各种图画。

我们可以适当调整前面写人的活动,让学生画一个人,或想象中的怪物,或外星人。让学生写下其外形特征,还可以让他们写写那个人做了些什么事情。

教学生动手编书。全班学生可以一起做一本大的故事书,送给其他班的朋友。所有的事情大家都要一起动手,包括画图、着色、写字等。还可以把全班分成几个小组,让每个组的学生写自己的小故事并配上图画。如果孩子都很喜欢这样的活动,可以让他们各自写故事来编书,内容不要求长。也可以让孩子们以自己喜欢的人物为素材编写他们的历险故事等。

学生也可以借助电脑来编书。他们可以写下自己的故事,使用电脑中的画图板来画一些画,把没有着色的图画打印出来,自己用彩色笔涂上颜色。

孩子们动手编书是要给别人看的。在这样的活动中因为有真实的读者,所以他们会努力写出有趣的故事;也有真实的理由令孩子们去检查自己的拼写,使书写更整洁和漂亮,也使自己的作品看上去更像样。在这个活动中孩子们还学会如何检查校对自己的作品,使之不断完善。他们会将自己的作品与其他孩子的做比较,取长补短。更重要的是,孩子们会把课外学到的东西带到课堂中、用在作品上,以拓宽和学活知识。

3. 英语写作教学注意事项

土耳其学者托托尼斯(Birsen Tutunis)曾经指出,写作训练,特别是当每组人数多时,可以产生对所学语言的意识能力。学习既是个人的事,又不是完全能单独完成的,因为语言具有鲜明的社会性,离开人群、离开交际是很难学好的。

(1)提倡合作学习,在民主的气氛中写作

建构主义认为,学习具有社会性。社会性的互助可以促进学习,学习者与周围环境的交互作用对于学习内容的理解起着关键性的作用。在个人独立探索的基础上进行协商通过交流各自不同的观点,进一步补充、修正个人的创作,在合作中互相吸纳思维的闪光点,达到自我教育的目的。

教师要鼓励同学间的互相帮助与切磋,既给他们留有独立思考的空间,又让他们有机会互相交流,集思广益,取人之长,补己之短。比如,在学了小故事"The ugly baby duck"之后,教师布置学生续写这个故事。首先,学生独立思考,充分发挥自己的想象力,编出各具特色的故事,然后,在小组中交流自己的作品并进行讨论甚至辩论,最后重新修改作品。学习"Good Manners"以后,请学生以小组为单位为本班制定一份公约。首先各自开动脑筋,把自己的想法写下来,再拿到小组讨论,大家把公认的比较合适的条款选出来,放在公约里,如有不同意见,可阐述自己的理由。这样的合作学习有利于学生了解彼此的思想和见解,有利于学习的广泛迁移,有利于分享个体的思想与智慧。在合作的过程中,学生的地位是平等的,他们互相帮助,互相促进,增进了善意的理解,避免了恶性的竞争,发展了学生的合作意识和合作能力。从认知理论来看,合作学习能促进学习者的意义建构,促进学生高水平的思维和学习活动;同时使一些学生看到自己的同学能写出那么优美的文章,想出那么高超的主意,也会提高他们自身的自我效能感,从而将潜在的发展转化为现实的发展,取得更大的进步。

(2)提倡创新思维,在探究的过程中写作

素质教育的核心是创新教育,其根本目的就是促进个性发展,而写作是最具有个人倾向的活动,也最能体现人的创新品质。创新思维可以理解为发现与想象。罗丹有一句名言:"美是到处都有的。我们的眼睛,不是缺少美,而是缺少发现。"我们要让孩子们懂得我们所拥有的巨大的财富:有眼睛可以看,有耳朵可以听,有手足可以触摸,有心灵可以感受。但这一切都只是儿童与生俱来的物质基础,教师的重大责任就是让儿童真正拥有一颗善于发现、善于思考、善于想象的心。我们要给孩子充分的思想的自由,任凭他们信马由缰,不要过分拘泥于文法上的错误;鼓励他们广泛阅读,通过各种渠道收集资料,积极利用网络资源,不懂的单词自己查词典,不懂的问题虚心向同学或家长请教。如长期坚持这样的训练,孩子们的英语语言能力一定会有较大的提高,更重要的是,他们的创造性思维能力将得到较好的培养,我们会欣喜地发现,孩子们思维敏捷,想象力丰富,越学越聪明了。

(3)在任务驱动下写作

学习语言既不是背诵孤立的单词,也不是熟记脱离语境的句子,更不是记忆枯燥乏味的语法规则,应当教会学生用恰当的语言把要求做的事情做好。词汇和语法都是为"做事情"并"完成任务"服务的。课堂上教师的任务就是在语言运用的活动中把词汇、语法和功能项目有机地结合起来。

在写作教学中,我们可以给学生布置一些与他们的认知水平、生活经历、兴趣爱好相适应的小任务,通过任务激发学生的学习兴趣。学生一旦有了具体的任务就会处于一种积极主动的学习心理状态,自觉地用所学的语言去做事,并通过完成任务使综合运用语言的能力得到进一步的提高。任务型教学不仅能提高学生的语言能力,还对培养学生的思维能力、想象能力、创新意识和主体意识有较大的作用。

①设计的任务要有针对性

我们要把学生看成"a whole person"。由于学生的生活经历和知识水平不同,我们设计的任务也要有不同的形式与层次,这样才能够真正地面向全体,使不同水平的学生都能参与、完成一定的任务并得到充分的发展。比如,请学生听一段小记者采访 Susan 的录音,然后把 Susan 的日常活动记录下来。这个任务我们可以有 3 种不同的要求供学生选择:第一,完整写出她每天从事各种活动的次数;第二,用数字记录她的活动次数;第三,选择提供的次数填空;如此安排,学生可根据自己的能力自主选择完成任务的方式,体现了因材施教的原则。

②设计的任务要具有激励性

通过任务的完成让学生有一种成功的体验。要达到这个目的,首先,教师对任务的难度系数的把握应力求准确,使学生在完成任务的过程中不断运用自己的智慧克服困难、解决问题,最终获得成功的愉悦。其次,教师要利用展示、讲评、表扬、小组交流等手段让学生互相欣赏和分享他们的成果。这样才能确保任务型学习活动真正起到激励学生的作用并使其通过完成特定的任务来获得、积累相应的学习经验。

③设计任务时要考虑学生的心理因素

无论教师还是学生,在缺乏安全感的情况下都很难积极地投入教学。活动的安全感应体现在两个方面:一是活动的形式和要求应使学生有安全感,如不让那些写作有困难的学生在众目睽睽之下展示他们没有把握的作品。二是任务所涉及的内容应使学生有安全感。一方面,活动要贴近学生的经历和生活,以得到学生的最大参与,另一方面,又要避免触及学生家庭和个人的隐私。在布置每一项任务时,教师要做好充分的导入,要让学生明确要求,克服焦虑心理,从而使其在学习语言形式的基础上,顺利地完成任务,较好地理解语言功能,提高语言的综合运用能力。

④设计任务时要考虑任务的梯度

所设计的任务应由简到繁,由易到难,层层递进,再由高级任务涵盖初级任务,并由数个微型任务构成"任务链"。比如,在教"Plants"时,我们可以考虑以下几个任务:第一,在我们的城市里有哪些常见的植物;第二,画一个你最喜欢的植物,并标出它各个部位的名称;第三,写出植物的3种用途;第四,写出几种植物生长所需要的条件。

这些任务由易到难,随着语言输入量的不断增加,学生语言输出的能力逐步提高,因此完成起来便会得心应手。在语言技能方面,应当先输入后输出,使教学呈现阶梯式层层推进。同时教师应当善于总结,能准确地把握在任务型学习活动各个阶段中教师和学生不同的角色。

写作方法林林总总,并无优劣之分。我们应根据实际教学内容、学生的知识水平及年龄特点来设计恰当的写作活动,以期达到最佳的教学效果。这里所介绍的一些活动不一定适合所有的学生或所有的学习内容。要真正使教学富有策略,就应能根据学生的情况、遵循教学原则和规律来设计适合学生特点的教学方式。能选择适合学生需求、符合教学规律的方式就是好的教学策略。

二、小学语文写作教学设计

语文课程的目标在于培养学生的听说读写能力,提高学生的语文素养,其中写作能力的训练是非常重要的内容。相对于听、说、读的能力,写作能力是最高级的能力,对学生来说也是最困难的活动,学生写作水平的高低反映了他们语文素养的高低。因此,重视写作能力的培养,加强写作教学是全面实现小学语文教学目标,促进学生语文素养全面发展的重要环节。

(一)写作教学的理念

在新课程标准的指导下,写作教学要以新的理念来指导,以便明确现代写作教学的价值取向,深化对写作教学过程的理解,提高写作教学的质量。具体体现在以下几点。

1.重视写作情感态度的培养

现代心理学研究表明:情感因素是人们接收信息渠道的阀门,积极的情感态度是学生活动的"能源"和"动机"。新课程标准提出的三维目标中,把关注人的情感、态度、价值观放在首位,因此,写作教学要重视学生写作兴趣和自信心的培养,并从目标的制定到教学、评价等方面予以落实。

2.重视语言表达能力的培养

人们在日常生活和工作中离不开用口头或书面的形式来表达自己的思想情感。因此,写作教学除了促进学生观察和想象的能力,加深对生活的认识,培养丰富的感情、良好的道德品质之外,还要提高学生分析、理解能力及语言文字的表达能力。

3.重视创新精神和创新能力的培养

写作教学要从培养学生的观察能力入手,要注意培养学生创新精神和创新能力。在写作教学中,教师要引导学生细心地观察周围生活、观察自然、观察社会,激发他们用自己的眼光去看,用自己的大脑去想,摆脱已有的束缚,在作文中大胆地写自己的所见所闻、所思所感,使他们求新立异的精神和创造性的思维能力得到培养和发展。

4.重视发展个性,提高思想认识

"个性",是文章的灵魂;"表现个性",是写作的动力;"解放个性、发展个性",是写作教学的重要目标。写作教学环境则是发展个性的基本条件和决定因素。所以教师在写作教学时应该让学生成为课堂的主人,让他们自己来表述,张扬自己的个性,在表现自己个性的同时提高自己的思想认识。教师要通过学生的作文来了解学生心理世界,把握他们的思想脉搏,从而有针对性地因势利导,逐步提高学生的思想认识,把教学生写作文和教学生做人有机地结合起来。

5.重视培养学生良好的写作习惯

良好的写作习惯,主要包括平时细心观察,认真思考,勤于动笔的习惯。写作前应该认真地构思,总体上把握;写作时书写工整,注意不要写错别字,注意正确运用标点符号;写作后进行修改,并主动与他人交换修改,做到语句通顺,行款正确,书写规范、整洁。这些习惯,都要从写作训练开始时进行培养,以便让学生终身受益。

(二)写作教学的程序

写作教学是一个系统的、有序的、长期的训练过程,不同的学段有不同的训练重点,因此,平时一次又一次的作文练习必不可少,只有一次又一次地反复训练,才能达到各个学段应该达到的课程目标。

1. 写作教学的一般程序

整个小学阶段写作过程应该是由说到写的过程,首先从低学段的写话开始,引导学生放开思路,不拘形式地自由表达,从而实现由句到段、到篇的作文。

(1)第一学段着重练习写话

写话,就是把自己想说的话写出来,它是最初的、最基本的训练。一般一年级上学期练习说话,下学期开始练习写话,用说话作为作文训练的开始,让学生由说话到写话不断进步,引导学生不自觉地走上写作之路。

①引导学生从说话开始

叶圣陶先生说:"作文其实就是说自己的话,即用笔在纸上说自己的话。"写作教学是先用嘴说作文,然后才是书面作文。入学以前,孩子们都会说话了,有的小嘴还挺乖巧的;入学后,知识、见识与日俱增,"说"也就越发"滔滔"了。我们写作教学要充分利用各种条件,不断开发学生"说"的能力。

②激发学生的写话兴趣

所谓"激发写话兴趣",就是面对事物时,教师要诱发学生的新奇心,激发学生的参与欲望,让他们带着一种高涨和激动的情绪参与并思考。同时,教师还要注意消除他们的恐惧心理,使他们感到:把自己想要说的话写下来告诉别人是一种很有意思的事,是一种快乐。

③引导学生写自己想说的话,写想象中的事物

现在的学生都有自己的特点和爱好,写作教学就要充分利用学生的这种心理,激发他们表现自己的欲望,引导他们把自己想象的事说出来和写出来,写出自己对周围事物的认识和感受,从而使自己的知识和思维由基础型走向发展型。

④培养学生"学"和"用"的意识

培养学生"学"和"用"的意识,是指在写作中培养学生运用平时积累的词语和其他语言材料的意识和习惯。任何文章都是由词和句组成的,词和句是文章的"血液",只有把词运用得准确无误,把句子说得清楚明白,文章才能达到表情达意的目的。而对于初学写作的第一学段的学生,教师一定要引导他们在基础的语句上下功夫,启发他们在写话中愉快地运用阅读读过的和生活中学过的词语。

(2)第二学段继续鼓励学生自由表现,训练写作

与第一学段相比,第二学段进行写作训练,除继续激发学生表现自己,保持对作文的兴趣之外,一要强调学生留心周围事物,乐于书面表达,增强写作的自信心,并突破课文范围,能不拘形式地写下见闻、感受和想象,注意表现自己觉得新奇有趣的或印象最深、最受感动的内容;二要鼓励他们在课堂或课外将自己的作文读给别人听,与他人分享写作的快乐,尽可能地为学生提供更多的能用简短的书信便条进行书面交际的机会,唤起他们尝试在写作

中运用自己平时积累的语言材料,特别是唤起他们使用新鲜感的词句的欲望。同时,第二学段写作教学在语言表达上,要求语句通顺流畅,意思清楚明白;学生能够自己修改作文中有明显错误的句子,根据表达的需要,使用冒号、引号等标点符号。

(3)第三学段着重练习写成篇的作文

在第一、二学段学生练习了自由表达的写作后,第三学段要求学生练写成篇的作文。这一学段应要求学生贴近生活实际、关注现实、热爱生活,这样可使学生积累素材、丰富体验,写作时易于动笔、乐于表情达意;要尽可能地减少对学生的束缚,鼓励自由表达和创意的表达,但要把"围绕一个主要意思写"和"要有一定的条理"作为训练的重点。

第三学段应该要求学生注意取材、构思、起草、加工等环节,让他们在写作实践中学会写作,并提高自己对生活的认识和把握,重视对作文的修改。在具体写一篇作文时,要适当讲究文章的立意和布局,适当讲究材料的剪裁。要求他们明确写这篇作文的目的是告诉别人一个什么意思。在立意之后要考虑选取什么材料最合适,然后选择什么顺序写下来。通过这些练习,使学生明白如果把一篇作文比喻成一个人,那么题目是"眼睛",中心是"心脏",结构是"骨架",材料是"肌肉",语言是"血液",这几者缺一不可。除此之外,还要能在 40 分钟内能完成不少于 400 字的作文。

以上三个学段写作教学过程的安排,体现了可能性和必要性的结合:"可能性"指的是小学生的语言发展和思维发展的实际;"必要性"指的是小学语文教学目的要求。整个小学阶段的作文学习,是一个从激发兴趣、不拘形式地自由表达到能写成篇作文的过程,也是从一个放开到收拢的过程。我们教学应该注意培养学生的思维由发散到规范,写作教学要沿着从口头语言的表达到书面语言的表达,从能用说话、写话表现自己到写成篇作文的教学规律前进。不能急于求成,对学生应多鼓励少批评,使他们由怕写作文到较为自觉地写作文,最后达到喜欢写作文的目的。可以说,学生喜欢写作文就是我们写作文教学的最大丰收。

2. 一次写作教学的过程

每次写作教学的过程,都是师生之间的双向交流的过程,只有把教师的"教"和学生的"学"有机地结合起来,才能达到我们写作教学的目的。

在实际写作教学中,要想学生能写出真情实感,教师必须要求学生平时要不断地积累素材,做好写作文前的准备。写成之后要仔细检查和总结自己作文的得失,一次完整的作文训练,学生一般要经过"准备—表达—修改—总结"这几个环节。教师的工作不仅仅局限于课堂 40 分钟:作文指导前不仅要钻研教材,更要钻研学生,了解学生之所想,把课本中安排的作文训练和我们学生的生活实际结合起来,科学地组织作文训练。对于教师来说,一次成功的作文训练必须经历"了解—准备—作前指导—批改—讲评"这五个环节。

(三)写作教学的类型

小学生要学习写不同类型的作文。不同类型的作文训练具有各自不同的教学特点,老师只有掌握了不同类型作文的教学特点,才能行之有效地对学生进行训练。

1. 简单纪实作文的教学

纪实作文就是如实地写人、记事、写景、状物的作文,如记叙文和说明文。进行纪实作文的训练,就是要求学生写真实的内容,培养他们写实的本领,也就是培养他们对生活和学习的"再现力"。纪实作文训练的方式有很多种,而最常见的有观察写话,片段素描,听写故事,口述课文,根据命题写纪实作文,自拟题目作文,缩写、改写、仿写、扩写、续写等。

(1)观察写话

观察写话就是引导学生把生活中观察所得写下来,写出自己对周围事物的认识和感想,鼓励学生运用阅读和生活中学到的词语。观察写话,可分为观察图画写话和观察生活中的事物写话。

①观察图画写话

观察图画写话,主要是把图上自己观察的内容写下来。一幅好的图画,是作者对生活反复观察、体验、分析,经过周密思考,集中了最能反映主题和思想的题材而创作的。因此,看图作文,对引导学生学会如何观察、体验、分析现实生活,如何选材、组材、确定中心都有一定的作用。观察图画写话对于第一学段的学生来说,一般是先看一幅画写一句话,然后要求用完整的句子写出图意。图可以是课外的简单的画,也可以是课本中单元练习的插图。随着年级的升高,则可以选择多幅图写话,先让学生粗略地把每幅图看一看,大致了解几幅图表达的整体意思,再仔细看每幅的内容;每幅图先用一句话表达图意,然后要求把几句表达图意的句子连贯起来。

要组织好写话,必须先选好画。选择的画首先要健康,贴近学生生活,学生容易理解。可以让学生从家中的报纸、画册或课外读物中选择自己最感兴趣的图画;还可以让学生自己手工操作,先画画、剪贴,再写出图意。

②观察生活中的事物写话

引导学生观察生活中的事物写话,开始要让他们观察单一的、特点比较明显的事物,让学生先感知事物,然后说出来、写出来,最后再扩展到比较复杂的事物,培养学生区别和抓住各种事物特点的能力。观察事物可以在课堂上进行,教师把事先准备好的实物展示出来,再让学生在课堂观察,展开议论,也可以带学生到课外现场观察实物。教师要注意尽可能给学生提供表达的机会,让他们有观就有感,有感就表达。

(2)片段素描

写作中的片段素描就像画画中的素描一样,它是第二学段的学生练习写实能力的有效形式。这种形式是借鉴美术教学的经验而创造出来的。具体操作是先引导学生观察事物和活动,然后根据自己的观察,把观察对象叙述和描写出来,不要求全篇,可以是片段。片段素描一般从单个静物开始,如文具、玩具、劳动工具、自己动手做的工艺品等。随着年级的增高,到了中年级片段练习的内容可以广泛一些,可以描写人物、景物和场面等。让学生写片段,可以采用看图写片段、做实验写片段、手工劳动写片段、创设情境写片段等多种训练方式。教师以学生熟悉的生活为题材,提出范围,让学生练习写片段。

片段素描要求有具体的计划和目标,注意读写结合,从描和仿入手。此外进行片段训练,还要注意引导学生准确用词,生动用句,从而使他们找到恰当的语句来表达。既可在课堂进行,也可让学生课外进行。在课堂进行,要注意以下几个阶段:①启发引导。重视激发兴趣,拓展思路。②要求写作。写作时间应该有限制,以便训练学生敏捷的思维能力。③互相交流。学生在写的时候,教师要走进学生中去指导观察,了解情况,以便把好的和一般的作文相比较,让学生取长补短,互相学习。④表现激励。多肯定学生的长处,尽力找到他们作文中的闪光点,以便激励学生更好地发展。⑤要求修改。在课堂外进行,可以对写作思路进行沉淀,可以更从容地对语句进行润色,当然这一切都离不开教师的引导。

(3)听写故事

教师在课堂上用生动的语言讲述一个故事,并在黑板上写出故事中的人物和地点,然后让学生用书面语言复述这个故事,这种练习可以训练学生听说和记忆的能力,并在口语的基础上学习书面语言,但是这种练习一般适用于低年级。

(4)根据命题写纪实作文

命题作文是指由教师出题,学生按题来写作文的练习,通称"大作文"。它的要求是:由学生独立构思写作,内容结构比较完整,有一定的创造性和综合性。采用命题作文的方式,可以把学生的思绪集中起来,便于统一地指导和讲评。命题作文要尽可能地适应大部分同学,要注意从学生实际出发,出一些容易启发学生思考、引起学生联想的题目。

要使命题恰当,就要十分注意命题的范围和根据,这可以从两个方面去考虑:一是结合精读课文教学(也包括其他课文)命题,二是结合学生的生活实际命题。命题的方式主要有以下几种。

①统一命题

这种命题方式要尽可能使题目靠近学生的生活积累和思想实际,要让他们感觉到教师要我写的,正是我自己想说出的,不可出难以理解的题目。对初学写作的学生来说,作文题目一定要明确、简洁、新鲜,教师不能凭自己的兴趣和爱好随意出题,设置障碍。

②半命题

半命题是由教师规定题目的大致范围或有关要求,让学生根据自己的实际,把题目补充完整,然后自由选材作文。如"我喜欢""我学会了",让学生自由发挥。例如,"我学会了"的后面可以补上"劳动""养花""弹琴"等。

③选择题

教师出几个题目供学生选择,对于这些题目要把它们分类,把内容上相互联系的题目放在一起,以便让学生区别对待。例如,同一题材的有:"我们班上的小雷锋""在她遇到困难的时候""笑了"等;同一中心的有:"我生病以后""在我生病的日子里""妈妈,我忘不了你"等;同一写作重点的有:"心爱的玩具""我们的教室""绿色的校园"等。通过归类能使学生学会比较,触类旁通,同时又可以给他们提供选择的机会,使他们能够写出心里话,从而达到作文训练的目的。

不管采用何种方式命题,都应该使作文的题目范围放宽,这样,每个学生都能够在指定的范围内找到自己所要表达的内容。采用命题作文不能对学生要求太高,要淡化"审题",不要在是否"切题"上过高地要求学生。评议学生的作文,应主要着眼于文章的内容和文字的表达。如果学生写跑题了,也不应对学生进行批评,而应该引导他们根据自己所写的内容,另换一个适合内容的题目。这样,就可以为学生提供一个无拘无束的自我表达的天地,同时又可以加深对题目和作文内容的理解。如果对学生的"审题"和"切题"要求过高,一离题就评学生作文不及格,必然会刺伤学生写作文的积极性,约束他们的思维,导致学生写作文时谨小慎微,不敢大胆地写作文,把写作文视为畏途。这对发展学生的写作思维是极为不利的,教师要尽力避免这种不利于学生写作文的言行。

(6)自拟题目作文

自拟题目作文,就是教师不规定写作范围和题材内容,让学生自己选择题材,自己确定题目写文章。这种方式,可以充分发挥学生的主观能动性,让他们放手写自己熟悉的人、事、物、景,表达自己的真情实感。在写作教学中,要减少命题作文,大力倡导学生自拟题目作文的练习形式,自拟作文的方式主要有以下几种。

①引导学生利用生活积累自拟题目作文

学生在平时的生活学习中,对周围的人、情、物多多少少会有一些积累,教师可根据他们的生活实际,提出一个范围,激起学生对积累的回忆,使贮藏的活跃的火花尽情闪烁。

②引导学生认真观察事物后自拟题目作文

在布置学生观察时,教师应引导学生留心周围事物,认真观察、辨别它们的特点,对观察的对象可以不做具体的要求,可以是一个人、一处景、一个场面或一个动物,到作文课上再把自己的观察所得呈现出来,自己给自己的作文加一个题目;也可以在作文课上先由教师做实验,或展示表情动作,或出示实物,让学生观摩,然后根据自己的观察再写作文,题目自拟。但是注意:要求学生观察时一定要仔细,不能流于形式,要培养学生认真、细致观察事物的习惯。教师应该注意时间的安排,处理好"观"和"写"的关系,不能本末倒置。

③开展活动引导学生自拟题目作文

教师在开展有意义的活动时,不要对学生过早地提出写作文的训练,因为对于许多作文能力较差的同学来说,过早地提出作文训练往往容易使他们产生一种疲倦甚至恐惧的心理。教师应该和学生一起全身心地投入,在活动之后,再和学生交流,在学生非常兴奋的时候,引导学生谈自己的见闻感受,因势利导布置学生作文。

④引导学生根据自己的感受自拟题目作文

学生在生活中有欢笑,也有苦恼,对接触到的种种现象,都有自己的见解,如钦佩、赞赏、厌恶、看不惯等等,有这样的感受和认识,对于他们来说非常希望向人倾诉。教师应该为学生提供机会,让他们自拟题目,写自己内心想说的话。

2. 常见应用文写作的教学

应用文是被人们在日常生活、学习和工作中广泛应用,具有一定格式的文体。它的教学是小学写作教学的重要组成部分,《语文课程标准》对应用文的写作教学明确提出要求:能用简短的书信便条进行书面交际,学写读书笔记和常见的应用文。根据《语文课程标准》的要求,小学生要学习的应用文主要有请假条、留言条、通知、日记、书信、表扬稿、建议书等。我们常见应用文的教学应该注意以下几点。

(1)引导学生认识应用文的语言特点

应用文是为了某种特定的需要而写的,有明确的实用性和具体的写作目的,有明确的阅读对象和阅读内容。在引导学生写应用文时,要让他们认识到应用文的语言必须简洁明了、通俗易懂,既不要写多余的话,也不要用深奥难懂的词句,以免发生误会。此外,除了读书笔记、书信和日记之外,其他应用文都不需要描绘事物和抒发感情。

(2)联系实际,学以致用

学生在学习了应用文的写作方法和应该注意的问题后,是否真正掌握,是否能熟练地运用,只有通过实践才能检验出来。所以我们在教学时要注意联系实际,要求学生学以致用。教师可以具体设置一些情境,让学生直接介入来练写作文。例如,教师在课堂有意设置不难但学生感兴趣的问题,并把自己的地址或电子邮箱告诉学生,要求学生给教师写一封信。教师在收到后,选择一个适当的时机,对这些信件进行讲评,这样既可以激发学生的兴趣,又可以练习书信的写作。

(3)反复练习,持之以恒

小学生接受知识快,但是忘得也快,他们具有短时记忆的特点,所以要想真正掌握应用文的学习,必须反复练习,练习运用不同的格式及简洁明了的语言来写应用文。教师要多创造机会让学生练习,例如:学生有事请假,要求学生写请假条;发现好人好事,及时写表扬信;学生在活动中取得成绩,就要求学生写表扬稿;班上有问题要求学生写建议书;等等。这样反复练习,持之以恒,不仅可以巩固应用文的教学效果,而且可以全面提高学生的理解能力和表达能力。

(四)写作的指导

作文指导是整个写作教学的重要环节,教师应把它贯穿写作教学的始终。作文指导有广义和狭义之分:广义的作文指导,指的是贯穿于写作教学全过程的教师指导,它渗透在写作教学的每一个环节,包括平时的指导和作文课上学生动笔前的指导,还包括命题、批改、讲评;狭义的作文指导,是对于命题作文的其他环节来说的,它指的是在命题后到学生完成草稿这一段时间的临场指导。这里是指广义的作文指导。

1. 平时的指导

写作教学的成效在课内,功夫在平时。学生写作文的内容主要靠平时的搜集和积累,表达内容的语言文字也主要靠平时的理解和积累。由此可见,教师对学生写作文的指导,不能仅限于作文课上,要重视指导学生从生活和阅读中积累材料、积累语言。

(1)激发学生从观察、分析客观事物的实践中积累材料

学生作文的内容主要来自生活实践,作文的欲望和激情也主要来自生活实践,生活越丰富,感受越深刻,作文的基础也就越扎实。现在的学生怕写作文的最主要原因是没有内容可写,导致没有写作文的欲望。要想学生有内容可写,有情感可抒,教师就应该激发学生关心生活,从观察、分析客观事物的实践中积累材料,做个生活的有心人。

①指导学生集中注意,有目的地全面观察

这种观察要启发学生调动各种感官去感知事物。

②指导学生运用比较的方法去捕捉事物的特点

任何事物都有自己的特点,特点是一个事物与其他事物不同之处。指导学生观察,要在全面仔细观察的基础上,联系同类事物或同一事物在不同时间的发展变化进行比较,以便捕捉到事物的特点。例如:"鸡吃谷,牛吃草,猪吃糠"这是它们的食性爱好;"翠鸟水上飞,大雁列队行,蝙蝠黄昏出,公鸡天亮鸣"这是它们活动的规律;夏天,"狗伸出舌头散热,冬天,蛇、蛙等藏在地下冬眠"这是狗、蛇、蛙适应气候的本能。我们可以此为例指导学生去观察各种动物的生活习性,抓住它们的特点。

③指导学生按一定的顺序,有重点地观察

对具有不同特点的事物,观察的方法也不尽相同。观察事物有两种方法:一是静态观察,它是按照空间顺序来观察,观察对象一般是建筑物、雕塑、绘画等。在艺术上它们属于造型艺术,引导学生观察时可以不断地变换观察点和观察角度,由近及远、由高到低、由左到右去观察。二是动态观察,即按照时间顺序进行观察,观察对象如日出、小实验、运动会、植物等。观察这类对象就要指导学生按照事物发展变化的时间先后,一个阶段一个阶段地观察,抓住它们不同时间的不同特点,选择一个重点来观察。

④指导学生进行联想和想象,丰富观察的感受

例如亮出各种颜色启发学生联想和想象:对红色产生怎样的联想?蓝色、绿色、灰色、青色、白色又产生怎样的联想?通过联想和想象,拓宽学生的思路,作文的内容也就更丰富。小学生写作是对生活的感受、感悟,也许这些感受并不都有道理,也许这些感悟稍显稚嫩,但

它们都具有鲜明的个人色彩,因而是十分宝贵的,教师要予以充分肯定。

(2)指导学生从阅读中积累材料,积累语言

阅读是获取知识的重要来源,也是作文内容的重要来源。学生在阅读中,可以突破时空的限制,间接地获得平时生活中未曾接受的事物,学到许多新的知识,提高自己对生活的认识,陶冶自己真挚的情感,丰富自己作文的语言,从而获得"润物细无声"的效果。

指导学生从阅读中积累材料、丰富语言,必须要求学生努力读懂课文。每读懂一篇课文都要有收获,即使是一知半解,也要尽可能地熟读成诵,使课文中的语言成为自己语言的积累。

2. 写作前的指导

写作前的指导,指通过恰当的方式方法帮助学生拓展思路、激发写作兴趣,解决作文的材料和方法等问题,以使学生在下笔之前,就弄清楚为什么写、写什么、怎样写等问题。写作前的指导,直接关系着每次作文的成败和好坏。如果写作前的指导得好,自然会减轻作文批改的难度,缩短批改的时间。

(1)指导的目的

①激发兴趣

写作指导要激发学生对作文的兴趣,让他们从老师"要我写",变成"我要写"。学生有了写作的兴趣,写作训练对于他们来说才不会是一种负担,而是一种享受。教师在组织课堂指导时,要抓住学生的心理特点,激发学生的兴趣和好奇心。

②拓展思路

教师作文前的指导要有利于学生拓展思路,要使学生能够在生活中选取最合适的作文材料。那怎样开拓学生思路呢？

围绕一个话题组织学生讨论,相互启发。例如有位教师让学生写"第一次"。学生通过讨论、相互启发,就想到了很多第一次,如"第一次值日""第一次登台表演""第一次游泳"等,还有思维活泼的同学竟然想到这样的题目,如"第一次说谎""第一次和同桌吵架""第一次偷偷上网"等。这样的启发、讨论,让学生感到有话可说、有事可写,整个班几乎没有相同的作文。

告诉学生思考问题的方法,引导他们自己展开联想,从不同的角度来选择作文材料。教师可以结合范文,教给学生由近及远、由浅入深,运用对比等多种思考问题的方法来构思。这样学生就能举一反三,联想驰骋,作文自然笔底有物,文章也就水到渠成。

③明确要求

每次作文训练都有具体要求。要求包括两层意思:一是常规要求,即贯穿整个小学各学段的作文要求,如内容具体,感情真实,语句流畅,书写认真,注意不写错别字,正确使用标点符号,作文写完后要认真修改,同学之间能够交流等;二是对于每篇作文有特定的要求,即本

次作文与以前作文不同的要求。

(2)指导的方法

指导的方法多种多样,这里只介绍常用的几种。

①结合精读课文进行指导

一般说来,语文教材中的课文常常是学生作文的主要范例。教师教学一篇课文,除了对学生进行人文教育,帮助学生提高阅读能力外,还在于让学生在读的过程中懂得这些文章是怎样写出来的,为什么写得好,从而提高他们的写作能力。因此,教师要充分利用课文的阅读来启发、指导学生作文。写作教学紧密结合阅读教学,是提高学生作文能力的好办法。

②选读可供仿写的文章,进行必要的指导

这类文章可以从课文中选,也可以是学生的优秀作文。教师要根据作文的要求对文章进行重点的分析,启发学生学习文章的语言和写法,但要注意对学生说明不能机械地模仿。

③结合讲评进行指导

在前一次作文讲评课中,就对后一次作文进行提示性的指导。这种指导针对性较强,但必须注意前后作文的连续性和相异性。

④在普遍指导的基础上进行个别指导

因为学生对新知识的接受能力和习惯不同,教师应该针对个别同学进行指导。在整个作文指导的过程中,要让学生尽量多动脑、动口、动手。教师的活动自始至终都应该是启发式的、示范性的,既要防止抽象笼统,不着边际,也要防止条条框框,束缚学生。教师的语言要力求简练,指导时间一般不宜过长,应给学生充足的时间进行作文实践。

第四节 小学语文识字教学对小学英语单词教学的作用

汉语中的字与英语中的词是相对应的,全世界文字的认知都具有共性。我国在小学语文识字教学方面积累了丰富的经验,可以为小学英语教学提供有益的借鉴:借鉴小学语文识字教学中拼音教学的某些方法,引进自然拼读法拼读单词;借鉴识字教学中注重勾连形义联系的方法,通过英语象形文字妙记单词等方法,帮助学生建立起音形义的联系,提高英语单词的教学效率。

前人早已发现汉语中的字与英语中的词是对应的,在识记上有异曲同工之妙。识字教学是贯穿我国九年义务教育阶段语文课程的重要内容,而单词教学也是作为我国第二语言的小学英语教学的一个重点和难点。多年来小学英语单词教学的效益不高,而在小学语文课程中,识字教学改革相比于阅读、写作、口语交际等领域,则取得有目共睹的突出成绩,累积了丰富的教学经验。虽然汉语和英语是分属于两种不同的语系,汉字和英文单词分属于不同的文字体系,但语言学习具有普遍规律,文字认知也具有共性,因此,小学语文识字教学的经验值得作为第二语言的小学英语教学借鉴。

一、小学英语单词教学借鉴小学语文识字教学经验的理据

无论哪种文字,都是以不同的形体去记录语言中的各个成分,即记录其发音和意义,因而任何文字都具有字形、字音和字义三个方面。形体是文字的基本要素;文字多是记录语言中的语素或词,从而获得相应的音和义。同时,文字是用"形"并通过"音"来表达"义"。不管采用什么样的"形",每一个字都必须要能读出"音"来,才能用文字的"形"来记录语言中的语素或词等,此为文字之本质。如,汉字"书"是书写形式,是"形""shu"是"音"装订成册的著作是其"义"。

有关心理学研究表明,世界上所有文字的认知,都具有共性。人的"心理词典"是如何编码文字的呢?是从字形直接获得字义,还是从字形再通过字音获得字义?石绍华的《国外文字认知研究回顾》一文,比较系统地介绍了相关研究成果,其中关于对文字认知是否经过语音转换有三种流行说法:一是字形编码说,即从字形直接提取字义;二是语音编码说,对词的识别是通过把视觉信息转化成语音信息,然后从心理词典中提取字义;三是双重编码说,在接受字形编码的同时,也存在语音编码,两种编码并行。

词的加工通道中,语音的作用是随着阅读经验的增加而相应减少的。在初学阶段,儿童必须读出词,与他们长时记忆中所具有的词汇系统相匹配,而词汇系统则是通过语音组织的。随着经验的增加,形与义之间的直接联系建立起来了,产生了视觉组织的词汇。我国和日本研究者均用汉字作为识别对象进行了实验研究,结果发现三种编码说都有证据,结论是:在文字认知过程中,三种编码都可以使用,究竟使用何种编码,要根据任务的性质、个体的语言能力、个体习惯以及加工的不同水平而定。这些关于文字认知的大量研究成果表明,汉字和英文单词的认识存在共性。这就为小学英语单词教学从小学语文识字教学中借鉴经验奠定了最重要的基础。

在认知心理学看来,对汉字和英文单词的认知,就是信息加工。信息加工理论在双存储记忆模式里面指出,影响编码的因素包括图式。图式是将大量的信息组织进一个有意义的系统的结构。图式有助于编码,因为图示给新学的内容添加了细节,使之变成一个有意义的结构。不管编码效果如何,图式都有利于回忆。在提取信息时,人们先回忆起图式,然后设法把元素放进去。学习新知识时,帮助学生建立有意义的系统结构,形成图式,有利于学生对知识进行加工,从而获取新知识。同样是促进学生掌握语言知识,加强学生学习的记忆,小学语文识字教学中对于学生图式的建立经验,可供小学英语借鉴。

佩维奥(Paivio)认为信息以言语的和视觉的形式来储存长时记忆中的信息,把言语的讲解和视觉的演示结合起来,经过双重编码的知识一般记得比较牢。心理学中的编码特异性原则指出,当信息的提取情境与学习情境相同或相似时,有助于我们回忆曾在此环境下发生

的事情以及学习的内容。同时,长时记忆中的知识表征取决于出现的频数和临近。信息出现的频率越多,在记忆中的表征就越强。如果两个经历获得的时间很接近,那么在记忆中就往往有联系,当想起一个来,另一个也会被激活在学习小学语文识字或者小学英语单词时,利用长时记忆理论,对学生加强原始编码的强度和频数,激活临近知识,能有效加强长时记忆,促进学生掌握语言知识。

掌握外语的脑机制和掌握本族语的脑机制有共同性。母语在生成和理解言语时组合结构与聚合结构的不同脑机制,同样适合于外语言语的生成和理解。掌握外语的脑神经动力定型和掌握本族语的动力定型的作用也是相同的。小学英语和小学语文,虽有第二语言和第一语言之别,但同为对语言的学习。以乔姆斯基(Chomsky)为首的学派提出了普遍语法,认为人类生来就具有学习语言的能力,在人的语言能力范围内,有的能力(或规则)是全人类共有的。以格林伯格(Greenberg)为首的学派提出语言的共同性,对地域分布及遗传覆盖广阔的语料库进行检验,探明有趣的潜在共性以及许多强大的跨语言倾向。不管是普遍语法还是语言的共同性,两派都认为世界上的语言具有共同性。因而,小学英语与小学语文教学之间的互相借鉴是完全可能的。

二、小学英语单词教学借鉴小学语文识字教学经验的做法

识字一向是我国小学语文教学的重点。近百年来,我国汉字教学已经积累了丰富的经验。特别是新时期以来,在几十年的小学语文教学改革中,识字教学方法改革成效最大,汉字教学研究也非常活跃。诚然,今天的小学语文识字教学有许多不尽人意的地方,但我们可以扬长避短,在小学英语单词教学中借鉴其经验,实现正迁移。

(一)小学英语单词教学应重视渗透拼读规则

在国内,大众普遍认为,国际音标是英语单词学习的起点。但是《义务教育英语课程标准》在一级目标中并未提及任何关于国际音标学习的要求。在二级目标中提到:能根据拼读的规律,读出简单的单词,仍然没有关于国际音标学习的要求。那么在小学阶段,如何促使学生读准英语单词的发音,掌握开启自主阅读的钥匙?先看看小学语文识字教学是如何促进学生掌握汉字读音的。

《义务教育语文课程标准》在总目标中提出:学会汉语拼音。在第一学段中提出:"学会汉语拼音。能读准声母、韵母、声调和整体认识音节。能准确地拼读音节,正确书写声母、韵母和音节。"九年义务教育阶段的汉语拼音教学目标,要求在第一学段完成。由于学生在入学前,已经形成了一定的汉语听说能力,因而,在小学语文教学中教授学生学习拼音,要求学生看拼音读词认字。学生学会了拼音也就能自读课本中的生字,掌握开启自主识字和阅读的钥匙。汉语拼音的学习成为语文学习的方式,为学生识字提供了可靠的工具。这对我们研究小学英语单词教学是具有启示作用的。

(二)小学英语单词教学应注意勾连形与义

应该通过培养学生英语认读能力,夯实语言的基础,养成良好的学习习惯,形成有效的学习方法,才能发展自主学习能力。那么,如何在教学中勾连单词的形与义,来提高学生英语认读能力呢?小学语文的科学识字教学经验也给予我们一些启发。

小学语文教师通过使用象形文字,运用恰当的字理,介绍造字方法,促使学生掌握字形及了解字义。象形是把事物的形状或独具特色的部分,用文字的线条或笔画,具体地勾画出来。它往往是最基本、最常用的汉字,是所有汉字的基础。学习汉字初始,教师借助古老的象形符号给学生讲解汉字,如模拟突出一对大角的牛来讲解"牛"字,在增加教学趣味性的同时,又清楚地展示字形与字义的关系,让学生轻易就能建立起汉字与意义的联系。

据史料考查,俗解汉字在中国古代就已形成风气。如早在春秋战国时代,古人就通过观察字形进行主观想象来解释汉字形与义的关系。如"止戈为武"等。小学语文教师也进行俗解汉字。如:"鱼"字的上部是鱼头,中间是身体,一横为尾巴。学生通过这种方式,用已有的知识来构建新的知识,使新旧知识发生勾连,能够留下生动具体印象,易于记忆。

小学英语教学中,也可恰当使用英语中的象形文字,从形、义和象三位一体全面认识单词。

只要能帮助学生记住单词的方法,都是好方法。小学语文科学识字教学中有俗解汉字,小学英语也可以借鉴。如谐音记忆法,利用字与字或词与词的读音相同或相似,加强记忆。想必大家都很有体会,当单词与意思发音类似时,我们很容易记住。如"sofa 沙发"、"hamburger 汉堡包"、"model 模特"等。因而,进行俗解单词,谐音记忆,会使大脑在轻松、兴奋的状态下提高记忆效果。

此外,我国识字教学总是与学词相结合,在学词过程中,注重引导学会积累积极词汇,这也是值得小学英语单词教学借鉴的,限于篇幅,在此不便多谈。总之,在小学英语单词教学中,可最大限度地渗透拼音规则,引导学生快速了解字母组合的奥妙,促使其掌握单词发音;通过英语象形文字妙记单词等方法帮助学生建立音形义的联系,提高英语单词的教学效率。

第五节 小学英语热潮下语文学科的突围与发展

一、英语热潮下语文学科突围的重要条件

(一)实现语文学科和英语学科的相互促进与共存

语文学科作为我们的母语学科,承载着中华民族数千年的历史文化和文明,是一门博大精深的学科;并且语文学科是"百科之母",数、理、化当然重要,但语文却是各门学科的最基本的工具。语文学得好,有较高的阅读与理解水平,就有助于学好其他学科,有助于知识的

增长和思维的开发。可见语文学科是必须加强学习的,而且是必须扎实学习的。在周庆元教授的《语文教育研究概论》一书中,给语文学科下了一个基本的定义:"我们认为,语文学科是一门具有工具性和人文性等基本性质,综合性和实践性等其他性质,富于鲜明学科个性特点的基础工具学科。"而正如上文所提到的,多数国人对于语文学科的基本性质认识是不全面的。一般人只看到了语文学科工具性的一面,而且仅仅对于这一面还有不少人认识不全。"从语言的本质作用来看,语文是彼此交际和交流思想的工具。""从言语的心理特点来看,语言是进行思维和开发智力的工具。""从语文的基础作用来看,语文是学习知识和增长才干的工具。"所以,"工具性是语文学科的本质属性。"但是"人文性是语文学科的显著特点",至少可以从这几个方面来看。"从理论上看,语言实际运用具有人文性。""从实践上看,语文教学内容具有人文性。""从历史来看,语文教学目标具有人文性。""从现实来看,语文教学材料具有人文性。"所以,语文学科的人文性是万万不可忽视的,应注重语文学科工具性和人文性的统一。

汉语和英语是两种平等的语言,只是分别属于两个不同的语系而已。所以,母语的教育跟英语的学习在本质上并不应该是截然对立、互相排斥的。语言学理论研究表明,不同语言之间虽然各有不同面貌和特点,富有个性,但共性的现象与规律也很多。母语与英语的关系应当是相得益彰的,母语是进修英语的基础,英语是学好母语精通母语的不可或缺的参照。语文学习和英语学习是可以相互促进的,语文教育与英语教育也可以相互借鉴,取长补短。

要发展语文学科就必须突破重重困境,这样才能提高语文学科地位,更要让国人知道语文教育不仅跟我们民族文化的传承、传播和发展息息相关,更关乎我们民族的前途和命运,而且任何一个国家或民族都必须重视母语的学习。母语,是一个国家和民族的结晶,是他们千百年来所积淀的文化产物;母语,像一位历经沧桑的老妈妈,包容着国家和民族所遵奉的信仰、价值观及风俗习惯;母语,鲜活地体现着一个国家跟民族所独有的思维方式、审美方式和表达方式,因而人们用血脉相承的"母语"来称谓本国、本民族的语言。她的应用水平,直接影响并且反映该民族的教育、文化、素质,而对于民族精神的培养,民族情结的孕育,民族文化的弘扬都有着极为强大的凝聚作用和教化作用。所以,为了振兴中华,我们理应加强母语的学习,努力提高全民族的语文素养。

1. 语文学习对英语学习的积极影响

第一,语音方面。拼音学得好,普通话说得好的人,其英语发音比一般人要标准,口语相对而言比较纯正。第二,语法方面。语言是有共性的,汉语和英语在语法结构上就有一些相似的地方。比如说句子成分,两者都有主语、谓语、宾语、定语、状语和补语等知识,而句子结构上也有相似的地方。学英语前若把汉语语法学好了就会为学英语打下良好的基础。第三,阅读理解方面。在教学中常听有的教师说,"学习英美作品时,汉语差的学生就比较吃力,而汉语功底好的学生一点就透,学得很快。"并说,"越是到了高年级,学生汉语水平的高低,更直接影响到英语水平的发展,如果汉语水平高,英语水平就能再进一步提高,如果汉语水平低,那么,英语水平就很难再提高了。"在英语泛读中,汉语阅读能力差的学生,每分钟最多读五十个单词,而汉语阅读能力强的学生,每分钟可读一百五十个单词。他们之间是一比三的差距。可见汉语阅读水平对英语的阅读水平有着举足轻重的作用。第四,写作方面。中文写作能力强的学生,其英语写作能力也不差,一般语法上的错误偏少,语句都还比较通顺。而且,篇幅相对较长,逻辑合理,大部分喜欢中文写作的学生也会对英语写作感兴趣,至少不怎么讨厌。第五,翻译方面。我国著名美学家、文艺理论家、教育家和翻译家朱光潜先生提及翻译时曾说过,"就是要找恰当的中文字句把原文的意思表达出来。"语文学得好的人,一般理解力、领悟力和文字运用、表达能力都会比较强,在对英语文章段落进行英译汉的翻译时,不仅能准确译出原文大意,还能以优美的汉语将其表达出来;反之汉译英也是。比如,"How time flies!"这句英文,一般的会译成时间过得飞快,稍微好点的可能是时光飞逝,而语文能力强的人会译成时光如水、岁月如梭等,让人觉得很优雅。汉语语言文化的修养既影响着汉译英过程中汉语的理解,也影响着英译汉过程中汉语的表达。因此,英语学习者不可忽视汉语学习……总之,学好中文是学好英语的基础。

2. 语文教学和英语教学的相互借鉴

语言是相通的,那么不同语言之间的教学方面也是可以相互借鉴的,尤其是教学方法。比如,朗读和默写这两种最常见的教学方法,古今中外无论哪种语言,在进行教学时几乎都有用到。但教学方法的种类是相当多的,用于语文和英语这两门学科的教学方法绝不止朗读和默写,而他们之间可以共用的教学方法也还有另外一些。

首先,从语文教学方面看,语文教学应注重发展学生的思维能力,要善于组织引导学生进行观察、记忆、联想、想象、分析、归纳、比较、质疑等思维能力的训练。需注意的是,在写作技能训练和加强课文的深层理解方面,语文教学注重梳理文章结构,即对课文的谋篇布局、篇章结构、主旨大意以及故事情节进行分析;同时强化推理判断,分析语言形式与写作意图,不断验证和调整假设和猜测,以求对课文的深层理解。而且语文教学的一个重要目标就是,要让学生在学习、积累、感悟和运用语文知识的过程中,让其自身文化品位和审美情趣逐步提高。由于选入语文教材的课文大部分出自名家之手,属于优秀典雅的文学作品,语言不仅规范还很美妙,教师在授课时需注重让学生感受文学作品中生动的人物形象和优雅的语言,培养学生的语言感知能力和鉴赏能力。可是一般的英语教学以词汇和语法为主,在组织课文教学时,除了精讲词法和句法外也设置一些表层面的问题引导学生阅读,并且所讲知识点多与考点挂钩,如此一来,仿佛整个英语教学都是为了考试而服务,学生学习英语也是为了应付考试,以至于英语这门古老的语言已失去优雅深邃的魅力,仅仅作为一门工具课程而存在。所以,英语教学可以参考语文教学这一点,重视对课文的语篇分析和文章结构的梳理,同时多注意文辞的准确性和修辞的技巧性,还要多介绍西方文化,进一步加深学生对课文的理解及对英语学科人文性质的关注。

　　其次，从英语教学方面看，英语课一般会播放课文朗读音频，还有专门的听力训练时间，在英语考试中也一般会有听力考试，有些还会要求测试口语。可见，英语教学里很重视听说能力的培养，而语文教学可借鉴英语教学这一点，加强听说方面的教学。比如，语文教师在课堂上亦可播放课文朗读音频或者由教师亲自朗读，还可要求学生在听朗读时合上书本，根据所听内容把握文章大意；待学生熟悉课文大概内容后，再次播放课文朗读音频，但依旧让学生关上书本，并提出课前设置的相关问题，要求学生在听的时候思考这些问题，捕捉文中相关信息，同时可拿笔做相应记录。这样不仅可以使学生在课堂上注意力高度集中，还可提升学生的理解能力和感受能力。听写，这个项目在英语课堂里不少见，哪怕到了大学的英语课都会有单词默写，可是语文课堂中的听写仿佛只在小学课堂中存在，且一般也只听写生字。其实听写并不是仅限于生字词，还可以听写句子、古诗词甚至文章段落，而且从小学至大学的语文课堂里都可以用到听写，这样可以进一步帮助学生夯实语文基础。另外，既然英语考试中有听力测试，同样是语言学习，为什么语文考试不效仿英语考试也安排听力环节呢？在语文考试中插入听力，不仅可以考察学生的语文基础是否扎实，还可检测学生的语言领悟能力、文字感受力和瞬间信息捕捉能力、反应能力等。另外，英语教学中的一些教学方法也可以运用到语文教学中来。比如游戏教学法、任务型教学法等。

　　（二）社会和学校联手互动改善语文学习的外部环境

　　1. 社会要在舆论上关注语文学科

　　当今社会已步入信息时代，且受"经济全球化"的影响，国际交流日益频繁。社会上对于外语人才，信息技术人才及经济类、理工类人才的需求逐渐增大，而对其他文科类学科却不冷不热，尤其语文不受青睐，很少成为社会热点问题，即便偶尔聚焦语文也只是对中高考时的语文考题粗略评价一下。为改变这种不理性的现象，社会必须关注语文学科，舆论上更要加大宣传力度，营造"重视母语，学习语文"的良好氛围。

　　2. 学校要在行动上重视语文学科

　　语文是人文社会科学的一门重要学科，是人们相互交流思想的汉文及汉语工具。它既是语言文字规范的实用工具，又是文化艺术，同时也是用来积累和开拓精神财富的一门学问。如此具有底蕴的学科理应受到学校的重视。

　　第一，学校必须保证语文学科的课时充足，不可随意占用语文课时，语文的早晚自习亦不可随意取消挪用。第二，学校应鼓励学生阅读课外读物，如文学经典，古诗词类的文学鉴赏评论，文学类的期刊杂志等，让学生看到语文学科真正的一面。第三，学校应多举办跟语文学科相关的活动，如"语文角"，在这个"小角落"里，教师、学生可以自由交流，既可以交流语文学习心得也可以交流读书心得，甚至还可以评论时事，让每一个人都有话说，都爱发言，从而提高学生的语文学习兴趣、语言组织能力和表达能力。第四，学校除了加强语文课程建设外,也要对语文教师严格要求,最好每个学校的语文课都有自己的特色,而学校里不同的语文教师所上的语文课也应该有自己的语文味道,能很好地带领学生领悟语文的独特魅力。

3. 家长要积极参与语文课程建设

父母是孩子最早的也是最好的老师,所以语文课程建设还需家长的积极参与、积极配合。

首先,家长应努力提升自身文化修养,给孩子做个好榜样,只有耳濡目染的熏陶,才能潜移默化地影响孩子。其次,家长应积极配合学校老师的语文教学工作,联手给孩子创造一个良好的语文学习环境;多参加学校、班上举行的语文文化活动,跟孩子一起学习,一起进步;平时家长还可向语文教师反映孩子的学习情况,及时提高孩子的语文学习效率。

二、英语热潮下语文学科发展的基本策略

语文学科作为一门母语学科,面对强势的英语热潮应该积极面对,在这股热潮下要制定有效的发展策略,使语文学科能够最大限度地彰显优势,夺人眼球,改变众人对其看法,提升并稳固在人们心中的地位。

(一)小学培养目标:素养与升学实现双赢

小学语文应该是怎样的?或者说应该教孩子们什么、培养孩子们什么?这样的问题已被提出过很多次,也已有各式各样的答案。但再次发问是不是就已失去意义呢?不是,因为这是一个在任何不同时期都值得探讨的问题。常言道种瓜得瓜,种豆得豆,所以童年时期对于语文素养的播种尤为重要。小学语文应注重句段篇的教学,注重说读能力的培养,学生在巩固语文能力功底的同时,领悟学习语文所带来的与众不同的乐趣、意义。

首先,继续夯实拼音字词基础,立足句子,辐射段篇,以段带篇,重点突破。

一年级学生刚刚正式步入校园大门成为一名学生,但他们不会因此而变得规矩好学,他们依然是特别活泼的,纪律观念模糊,集中注意力的时间也不会很长,所以针对他们的语文教学依然要以"趣味教学"为主,而教学重点也应该包括夯实拼音基础,接着进一步加强字词的教学,特别是词语教学。词语教学是小学低年级段语文教学的重要组成部分,它是链接字句段篇教学的桥梁和纽带,可以说它贯穿了整个语文教学。但课文内容会逐步复杂起来,不会一直只有几幅图,几个拼音,几个字词而已,会有句子的出现,后面更会有由几句话组成的小段文字的出现,而到二年级则有篇幅短小的课文。这就涉及语句的教学,它既是字词教学的升华,也是段篇教学的起点,可以说扮演着承上启下的重要角色。进行句子的教学时,教学形式不宜单一,应采取多种有效教学方法,不仅要使学生认识句型,感知语序,更要注重对学生句子理解能力和遣词造句能力的培养。总之,句子教学是为以后段篇阅读教学及写作教学打基础,所以在小学低年级段的语文教学中应占重要位置。

指导学生对段落的学习,从一定角度来说可以被看做阅读教学的入门,但阅读教学是小

学语文教学的重中之重,所以段落的阅读教学亦是相当重要的。进行段的阅读教学,首先要立足于句子,因为要读懂一段文字得先把里面的每一句话读通,明白其意,并理清他们之间的逻辑关系,才能明白一段话的主旨大意,才能分析其内在结构。因此,在进行段落阅读教学时,除了概括段意,给段分层训练外,不妨多尝试"组句成段"训练,这样能很好地训练学生的语言逻辑思维。如果学生段落阅读的基础打好了,那么接下来关于篇的阅读教学就不会特别费力,因为一般的文学作品总是由段落构成。而小学语文课本里的课文,大都篇幅不长,段落不多,可以"以段带篇",但这并不是指要一段一段呆板地讲解课文,反而是要让学生学会从整体上把握课文,理解课文主旨,分析课文结构,掌握重点段落,品味文中语言,学习文中写作技巧。总之,学生在小学阶段打好阅读基础对以后的语文学习是大有帮助的。

其次,重点培养学生说读能力。

"说"在这里主要指"口头表达"。什么叫语文?平常说的话叫口头语言,写到纸面上叫书面语言。语就是口头语言,文就是书面语言。把口头语言和书面语言连在一起说,就叫语文。可见,口头表达能力的培养理应是语文教学的重要任务之一。尤其是在小学阶段的语文教学中,把"说"的训练加大力度,改变传统的重文轻语习惯很有必要。因为"说",可以训练一个人的逻辑思维能力,语言组织、运用能力,应变能力和考察自身对已掌握的知识的熟悉程度及运用程度。从小注重口头表达能力的培养,还对写作有帮助,毕竟写作其实是我手写我口,而我口又说我心。所以,小学语文教师要激发学生对"说"的兴趣与欲望,多多鼓励与赞扬,让学生由想说、爱说,发展到大胆地说,准确流利地说,争取都能"说得好"。口语表达训练虽以说为主,但不可忽视听的训练……听是说的基础,听好才能说好,说好才能为听好提供方便,促进听的能力的提高。

"读"在这里并非单指阅读,它至少还包括诵读。诵读,其详细解释为:念;熟读;背诵。南宋朱熹曾对诵读的看法是:"要读得字响亮,不可误一字,不可少一字,不可多一字,不可倒一字,不可牵强暗记,只要多诵数遍,自然上口,久远不忘"。清代曾国藩谈到自己的诵读体会时曾说:"非高声朗读则不能展其雄伟之概,非密咏恬吟则不能探其深远之韵。"可见,诵读不仅要声音洪亮,疾徐有致,还要眼到口到耳到心到,全身心地投入,从诵读中体会节奏感,品味作品的情趣和神韵。显而易见,诵读对于学习语文是非常有益的。小学语文教师应注重培养学生的诵读能力,不仅普通话要求标准,还要能读出其中韵味,并积累语文知识。再者,诵读的内容不能仅仅拘泥于课本,应扩展到课外的适合儿童诵读的优秀作品,尤其是对国文经典的诵读,如《弟子规》《声律启蒙》等,一定要给予足够的重视。因为从小诵读国学经典,除去巩固字词,领略汉字音韵之美,积累人文、自然知识,开阔视野等作用之外,其意义首先在于传承延续民族文化。其次在于"蒙心养正圣功也"。蒙童时期应该培养纯正无邪的品质,造就圣人君子的气质,追求"为天地立心,为生民立命,为往圣继绝学,为万世开太平"的博大境界。再次,"读书变化人的气质"。一代人的气质变化了,就会影响社会风气。传统文化失落了,现在我们再把它重新找回来,在现代文明的背景下重建它,重建新的文明秩序。

上文已提到阅读教学是小学语文教学的重中之重,那么学生阅读能力的培养问题自然不能小觑。关于如何培养小学生阅读能力,或者说如何提高其阅读能力的问题及答案已显而易见。但培养小学生的阅读能力,就必须对其进行高强度的阅读训练。但训练内容不只是课文分析,更不是指试卷、练习册上面的阅读理解题,而是课外优秀的儿童文学作品,包括上文所说的国学经典,中外童话,民间故事,寓言,及儿童小说等,因为儿童文学是专门写给儿童阅读的文学,它充满幻想、想象力,充满情趣和童心,能够激发学生的阅读兴趣。教师除了对学生进行"点到为止"的阅读指导外,更应帮学生精选名家名篇,鼓励他们自由阅读和共享阅读,并指导他们适当做些读书笔记,如摘抄优美语句、段落,亦可写点读书心得(尤其针对高年级学生)。久而久之,学生读的书会越来越多,接触的作品类型也各式各样,词汇量也越来越大,思想越来越丰富,读书心得也会越来越有感想可写,思维能力逐步变强,阅读能力自然而然会得到提升,这样做还会使学生的写作水平有一定的提高。

总而言之,小学语文注重句段篇的教学,重视说读能力的培养,会让学生语文基本功扎实,语文知识积累丰富,语文能力不断进步,语文素养逐步上升,自身想象力也会得到迅速发展,思维能力越来越强,更重要的是令学生爱上语文,爱上本民族语言和文化,为以后的语文学习及升学创造良好的条件,所以这是整个语文教学过程中至关重要的一个环节。

(二)课堂教学:教学实效显著提高

课堂教学是语文教学的重要组成部分,社会上针对它的讨论也一直没有停过,各种新式的课堂模式层出不穷,近来特别提倡高效教学,呼吁高效课堂,注重教学的实效性。语文课堂教学应该是"低耗高效",而不是"高耗低效"。并且,语文课堂教学不能只为考试服务,考试分数的高低并不能完全说明课堂教学质量的好坏,学生的思考能力是否得到提升也应该是课堂教学质量优劣的一个衡量标准。另外,语文课堂就应该有真实的语文味道,不能为了创新而创新把语文课变成花里胡哨的表演课。正如名师郭初阳说的那样:"理想的语文课堂,是由师生共同营建的,会呈现出一系列的悖论——它是安全的,又尽力拓展自由;它是有边界的,但又完全开放;它是紧张的,然而有让人上瘾的愉快;它提倡独立思考也保护沉默,更鼓励分享观点;它是令人深深沉醉的,却培养着每一个参与者清醒的洞察力……"

1. 实施"精讲精练",建造精品课堂

所谓"精讲",主要是指教师事先在课前要做足准备,包括对学生进行学情分析,精选教学内容,明确教学目标,把握教学重难点,精心设计教学中心环节,合理安排教学步骤,精心准备具有一定梯度及启发性的思考题和讨论题等,在课堂上不必从头讲到尾,分析课文不必面面俱到,学生已经知道的不讲,能够通过自学而明白的不讲,没必要掌握的也不必讲,但是学生必须掌握的重难点要讲,他们自己解决不了的相关问题要讲,还有些必要的知识点补充、拓展要讲以及容易犯错混淆的知识点也要讲。在教师"精讲"的同时,需要给予学生充足的机会和时间进行"精练"。可以让学生做课前准备的一些训练题,对易错易混淆的知识点加以巩固,还可以让学生思考课前已准备好的具有代表性的问题,鼓励学生发表意见,组织课堂讨论,还要鼓励学生敢于提出质疑,表达自己的不同看法。要保证重点问题当堂干净利落的解决,不留尾巴。

总之,"精讲精练"不仅使学生很好地掌握了重要的知识点,还令他们的语文能力得到提高,建造了一种"低耗高效"的精品课堂。

2. 实行"灵活教学",打造活力课堂

这里的"灵活教学"主要是指语文教师在课堂上对于教学方法、教学模式的运用必须灵活恰当。自语文新课改以来,与传统教学方式相对立的各种教学模式,教学方法如雨后春笋一样,层出不穷。事实证明,所谓的什么"模式"并非"放之四海而皆准。"所以,语文教师进行课堂教学之前,除了认真研读教材,精心备课之外,还得认真进行学情分析。根据学生的实际情况来安排教学内容,设定教学目标,制订教学计划,完成教学设计,不要赶时髦似的套用模式。至于在课堂上所要使用的教学方法,不要为了创新而创新,随意使用"新型教学法"而将语文课堂变成个人秀场。

教学方法的选择与使用,首先要符合教学内容。比如,小学低年级段的识字教学就可运用"游戏教学法";而阅读教学,则可以使用"情境教学法""任务型教学法"等;写作教学,可以用"对话式教学法""启发式教学法"等。不同的教学内容有不同的教学方法,相同的教学内容也会有不同的教学方法,并不是指哪种内容只适合哪种方法或者哪种方法只对应哪种内容,他们都是自由的,教师应学会具体问题具体分析,灵活选择与使用。其次,教学方法的选择与使用,也可以视学生的实际情况、学习状态而定。例如,学生上课时,学习状态不佳,精神不振,教师就可以选择"游戏教学法",组织一些竞争类学习活动,调动学生的学习积极性。再者,教师还可以根据实际情况的需要,恰当地把两种或几种教学方法结合在一起,以帮助教学目标的实现。另外,如果教师在课堂上突然发现自己课前所安排的教学方法不够好,便要立即更换更好更适合的教学方法来进行教学。还有,语文课堂不一定必须得在教室里,教师可以根据教学的需要,在纪律良好,环境允许的情况下,将学生带出课堂,甚至带出校园,指导学生观察身边的事物,培养他们的洞察力。最后,教师还可自己制作教学小视频,发至互联网上,让学生即使在家里也能上语文课,使语文学习时间更为自由,语文课堂更具现代化。

总之,教师在语文课堂中实行"灵活教学",不仅让语文课堂更加生动有趣,真实有效,也令学生在更好地进行语文学习的同时,深刻感受到语文学科的魅力所在,心灵得到陶冶。而这样灵活多变的课堂,同样是有生命力的,有活力的,受欢迎的。

(三)语文教师:展现语文内在魅力

语文教师在语文教育教学中扮演着不可或缺的重要角色,语文学科能否有突破性的发展也与之密切相关,所以语文教师必须担负起展现语文内在魅力,振兴语文学科的重大责任。

1. 情感渗透,激发学生语文学习兴趣

众所周知,"兴趣是最好的老师",同时兴趣也是来自人类的内心深处,而情感,从某种意义上来讲则是激发兴趣的内在动力。语文教师可以利用"情感渗透"来激发学生的语文学习兴趣。

首先,语文教师自己应该对语文有一种由衷的热爱,只有将自己对语文的这份爱带入语文教学当中,才能引发课堂上的教学激情。而富有激情的语文教师,往往能将学生的注意力完全吸引过来,让学生在不知不觉中受到自己的影响,因而也喜欢上语文,从而产生学习兴趣。其次,在语文课堂上引导学生多多诵读文质兼美的文章诗歌。这些出自不同作家诗人的文学作品,有着不同的风格,也总蕴含着作者们这样或那样的情感。在上课前,教师应把他们都"把玩"透。然后上课时,用生动流畅而又富有情感的语言将学生导入其境,带领他们有节奏地反复诵读里面的文字,深入体会藏在字里行间的意蕴,把握全文的感情基调,产生情感共鸣。这样,学生的情感在数次的诵读中被激活了,因而使他们产生进一步探索、理解和体验作品内涵的兴趣。除此之外,教师还可在课堂上创设相关情境,引导学生巧妙地使用联想跟想象,使其进行相应的情感体验,从而诱发学生情感,激发语文学习兴趣。

2. 彰显个性,形成独特教育教学风格

世界上没有两片完全一模一样的树叶,也没有从里到外完全一模一样的人。每个人都有自己的特点,自己的个性。语文教师应把自己的个性彰显于工作教学之中,做一个"特立独行"的语文老师。

第一,语文教师应该对语文学科有自己的理解。第二,应该拥有自己的教学理念。第三,不仅保证在自己专业领域的绝对专业,还要知识渊博,思想丰富,课堂上能够引经据典,做到所学皆可用,展现汉语之美妙。第四,应该敢于挑战传统,质疑权威,乐于创造。第五,应该尊重学生的思想人格,培养他们的发散性思维表达能力,并且尊重学生的实际情况,实施因材施教,根据学生的接受能力随时修改课时计划。第六,清楚地知道教学不等于教育,它只是教育的一部分;能够明白教书育人、学以致用的真正含义,并自始至终力学笃行。总之,语文教师要有一套自己的行之有效的教育教学方法,形成与他人截然不同的风格,能够将语文学科的魅力展现得淋漓尽致,让学生、家长、世人都能正确地看待语文学科。反之,在应试教育的重压下将失去自己的个性,没有创造力,把语文课堂变成"抓分"的训练基地,学生也会失去学习语文的激情和兴趣。

3. 以身作则,引导学生读书

语文教育就是要培养一个真正的读书人。读书人,并不是指一般的念过书、上过学,有一定的学历文凭及知识储备的人,更不是那些所谓的喜欢读书的人。真正的读书人不仅满腹经纶,而且人文素养极高,品行端正,心态平和,有自己的思想观念,对身边的一切事物具有敏锐的洞察力,对事情的发生具有良好的判断力等,是一个尊敬他人也受他人尊敬的人。现在的社会之所以这么浮躁,就是因为缺乏真正的读书人,沉淀不下来。所以,社会需要语文教育来培养这样的读书人,也只有语文教育才能担此重任。培养读书人的有效方法就是正确合理地引导人们读书。从某种角度看,语文教育教学其实就是一个读书人带着一群读书人读书。而前者就是语文教师。

所以,语文教师首先自身应坚持读书,因为语文教师自己要有广阔浩瀚的思想,要有鲜活亮丽的生命,要有高端丰富的精神境界以及正确的价值取向,这样才具备担当优秀领导者的条件;并且,一个精神强大的语文教师才能成就学生的强大;还有,良好的阅读氛围往往来自语文教师的引领。所以,语文教师在这一点上必须以身作则,要引导学生读好书,好读书。其次,语文教师要经常与学生交流自己的阅读感悟,跟学生一起分享各自的读书心得,鼓励学生质疑书中观点,让学生保留浓郁的阅读兴趣,使学生畅游书海,在字里行间领略汉语言文学独特的魅力,领悟古今文人骚客深邃的思想,感受博大精深的中华文化,自内心激发起强烈的民族自豪感;还要让学生明白,语文学习是终身的,更是终身受用的。

总而言之"打铁还需自身硬"。在英语热潮下,语文学科不能止步不前,语文教育工作者不能自怨自艾,要迎难而上,敢于挑战,勇于创新,扬长避短,采取有效策略,使语文学科更好地长久发展。

第四章 小学语文教学经验对小学英语教学的启示

第一节 小学英语借鉴语文教学经验的理论依据与原则

如何解决小学英语教学中存在的困惑,有效提高小学英语教学课堂效率?是否能从小学语文教学累积的丰富经验与教训中获得启示,从以下的理论依据与原则,我们找到了借鉴的可行性。

一、借鉴的理论依据

任何教育教学的活动,都应该遵循一定的理据。教师只有掌握教育学、心理学的理论与技术,了解各种学习的相关理论,才能了解学生心理活动的特点和规律,并利用这些规律来指导教育、教学及自身的发展,自觉地实施有效的教育,从而提高教学质量。小学语文和小学英语存在着相同或相似的理据,因而小学英语向小学语文借鉴教学经验具有一定的可行性。

(一)心理学的理论依据

在心理学当中有大量的教育、学习理论,为解决在教育实践中产生的问题提供了极为丰富的教育科学知识,给我们的教学带来一些观念和方法上的启示。

1. 多元智能理论

智能是人在特定情景中解决问题并有所创造的能力。著名教育心理学家霍华德·加德纳(Howard Gardner)认为我们每个人都拥有八种主要智能,其中语言智能、逻辑数理智能及音乐智能对小学语文和小学英语教学有着重要的指引作用。

语言智能是指有效地听、说、读、写的能力,即能运用听说读写传递有意义的信息进行交际的能力。语言技能的发展对语文和英语水平的提高都有显著的影响。在课标中,小学语文和小学英语都针对听说读写能力制定了相应的要求。在教学中,小学语文及英语教师也均能有意识地训练学生相应的能力,但二者在实际操作中有所差异。

如在小学语文课堂教学活动中,教师引导学生参与课堂活动,听故事,听朗读,听发言,听反馈,使学生全程均在汉语的语言环境下浸润着,充分保证学生的语言输入量。在小学英语课堂上,教师对教材的熟悉程度要求比之语文要更高,输出的过程中,如果使用超过学生已经学习过的知识,学生很容易听不懂,所以,尽管教师在授课过程中,会尽量全英教学,但在完成任务时,教师多数或在 PPT 课件中或用汉语进行规则说明,以引导学生有序参与课堂活动。这点在低段尤为凸显。另外,小学语文教学中能训练学生使用尽可能少的文字做笔记、记重点,积极勾画心理图式。但是在小学英语课堂上,更侧重听说读的能力,写的训练则在五年级后才开始占有少量时间。小学语文教师有意识地培养学生资源策略,鼓励学生涉猎教材以外的资源,如绘本、读物及非连续性文本等材料,使他们在不同阶段达到相应的资源能力。小学英语教学在这点上就相对比较薄弱,可借鉴小学语文的相关教学经验,通过训练学生的认知能力促进他们发展语言智能。

多元智能理念指导下的语言教学有四个教学阶段:首先是通过多种感官经验激活各种智能,提高能力的感知。如小学语文写作教学中引导学生细致观察,获取事物的特性,增加生活体验。其次通过创设的情境体验情感。这点在小学语文及小学英语中均能有所侧重。再者通过传授学习方法与策略,帮助学生发展智能。如小学语文阅读方法的渗透,这是值得小学英语多加学习的方面。最后通过有效的测评手段,促进学生综合地运用多种智能,小学语文教学中具有相应的经验可供小学英语教学进行借鉴。

逻辑数理能力主要指思维方面的能力。语文和英语属于文科,但同样拥有某些数学概念,如组合、编码等,掌握这些概念可以促进语言学习。小学语文识字教学中,通过拼音教学先行,授予学生找准字音的方法,引导学生通过拼音组合自行识字;通过分解词素,促使学生进行自我编码,最后组合成认识的词并进行拓展。这点很值得小学英语单词教学进行借鉴。阅读是语言输入的主要途径。在小学语文阅读教学中,根据文章思路及文本的结构,渗透学生篇章结构的逻辑关系;根据语篇的逻辑关系以及细节的暗示,推敲作者寓含的深意,进行人文渗透。这些阅读训练都可以进行借鉴,锻炼学生的数理逻辑能力,从而为写作教学奠定坚实的基础。

音乐智能主要是指人敏感地感知音调、旋律、节奏和音色等能力。有关研究表明,学生对伴有音乐的教学内容的记忆效率比对无音乐伴奏的教学内容的记忆效率更高。小学语文教学中,教师能充分利用诗歌等,引导学生把握节奏韵律,感受语言的音乐美。小学英语教学中有大量的"chant、song"和"poem",值得教师们进行深刻地挖掘,大力地进行开发与利用。

充分了解多元智能理论,有助于小学英语教学在借鉴小学语文教学经验时有依可循,有据可考。

2. 长时记忆理论

长时记忆中的知识表征取决于出现的频数和临近。信息出现的频率越多,在记忆中的表征就越强。如果两个经历获得的时间很接近,那么在记忆中就往往有联系,当想起一个来,另一个也会被激活。心理学中编码特异性原则指出,当信息的提取情境与学习情境相同或相似时,有助于我们回忆曾在此环境下发生的事情以及学习的内容。

在学习小学语文识字或者小学英语单词时,利用长时记忆理论,加强原始编码的强度和频数,激活临近知识,能有效加强长时记忆,促进学生掌握语言知识。

3. 格式塔理论

格式塔理论和相关研究表明,整体存储的材料更易于学习、回顾及使用。人的工作记忆的容量是7加减2个组块,如能以有意义的方式对信息进行分类和重组,变成组块,能使学生记住的信息增加,从而促进学习。这些经过分类或加工而成为整体的信息,我们称之为组块。在学习的过程中,引导学生观察所学知识间的相似性或原则,促使学生将信息组成较大的有意义的单位,减少块的数量,使其能在相等的时间内加工更多的信息,从而增加工作记忆的容量。

小学语文强调背诵优秀作品,使学生积累大量的名言佳句,在脑中存储大量的组块,促使其在平时说话或写作时能流利使用。小学英语对背诵的要求则参差不齐,这使学生在说或者写的时候常常无话可说、无词可用。如能在小学英语教学中考虑借鉴语文的教学经验,增加学生的组块积累,这对学生英语水平的提高将有所助力。

4. 图式理论

在认知心理学看来,对汉字和英文单词的认知就是信息加工。把新的信息放入加工系统,促进长时记忆的储存,即为编码。影响编码的因素包括图式,而且不管编码效果如何,图式都有利于回忆。图式是给新学的内容添加细节,将大量的信息组织进一个有意义的系统结构。人们对物体、人和时间的结构进行了表征,在学习新材料时,从表征中提取信息,回忆起相应的图式,然后设法将表征一块块信息的新命题放进去,组织成一个和谐的整体,形成更巨大的图式网络。图式具有层次性,他们将重要的属性和次要的属性连结起来。

学习新知识时,帮助学生建立有意义的系统结构,形成图式,有利于学生对知识进行加工,从而获取新知识。学生一旦学习了某个图式,当教师教某个可以应用这个图式的内容时,它可以激活这个知识。学生可以用它来对新学的信息进行归类,他们还能为各种信息创造出新的图式。同样是促进学生掌握语言知识,加强学生学习的记忆,小学语文教学经验中对于学生图式的建立经验,可供小学英语借鉴并学习。

5. 沉锚效应

沉锚效应,是指当大脑对某人某事做出判断时,会不自觉地给予最初获得的信息过多的重视,将第一印象或第一信息作为起始值,就像沉入海底的锚一样把人们的思想固定在某处。

沉锚效应在教学中应用得比较广泛,小学语文和小学英语都有进行应用。教师在上课的过程中适当的使用示范给学生建立沉锚点,引导解决问题的思路,启发学生进行思考;又需要预防沉锚效应,以防学生形成思维定势,造成千篇一律的情况。在建立沉锚点的时候,小学语文指导得更细致更到位,这是小学英语可以学习并借鉴的地方。

6.学习迁移理论

"学习迁移"是一种学习对另一种学习的影响。语言学习是一个循序渐进、促使语言形式及语言意义形成交际行为的过程。行为主义学习理论认为,在语言学习过程中,第一语言会向第二语言进行转移,这种现象即为语言迁移。因而,母语对第二语言的学习起着非常重要的作用。当母语与第二语言存在共通性时,学习者更易理解第二语言,从而加深记忆,促进第二语言的学习,这为正迁移。然后,当母语与第二语言存在差异时,学习者容易受母语影响而对第二语言的学习产生干扰作用,加大学习困难,延缓学习进程,甚至在交际中产生误解,这为负迁移。母语的负迁移会影响第二语言学习的方方面面,如语音迁移、词汇迁移及思维迁移等。

教师在教学中努力探索学习迁移的规律,在教育教学过程中提供促进学习迁移的条件,发挥正迁移,抑制负迁移,有助于减轻学习的负担,甚至是对其在离开学校后的社会生活中产生影响。

(二)教育学的理论依据

建构主义理论强调学习者不是通过教师传授获得知识,而是通过与他人的协商、交流、合作和本人进行意义建构的方式下,利用必要的学习资源获得的。即学生是信息加工的主体,是意义的主动建构者。学生在学习过程中并不是被动地接受知识,而是积极地构建知识。教育学指出,在教育的过程中,受教育者是接受教育的人,即各级各类学校的学生,他们是教育实践活动的对象。在小学语文和小学英语教学过程中,其受教育者均是小学生,其年龄特点、心理发展水平皆相近。

要促使学生进行意义建构,应启发学生自主地建构认知结构,迅速建立脚本。小学语文在写作过程中,对文章思路、语篇结构的指导与渗透有助于学生迅速建立脚本,形成对文章的意义建构。小学英语如能借鉴相应的经验,对学生英语写作水平的提高将有所帮助。

(三)教学策略的理论依据

教学策略指的是教师在教学过程中为实现预定的教学目标而设计和采用的一系列教学方式和技巧。新课程教学要求我们要运用恰当的教学策略,促使学生在课上获得知识并收获快乐。

教学策略可分为方法型教学策略、内容型教学策略、方式型教学策略和任务型教学策略。在方法型策略上,如小学英语单词教学中,单词的呈现基本随着教学环节的开展,逐步教授新单词,这种教学方式类似小学语文识字教学中的"随文识字"。单词语音教学中,英语也会采取类似语文的"加加减减"法,如教"ground",教师适当复习"round(减一个)","playground(加一个)",与语文的"白"与"日"(减一点),"日"与"目"(加一点)有异曲同工之妙,巩固复习旧知,并与新知建立联系,丰富词汇量。小学英语单词的操练方法,包含机械操练,意义性操练,交际性操练。小学语文识字基本也是三步骤,说一说词语的意思,词语造句,创编对话。

小学语文和小学英语课一般分为新授课和巩固课。如能恰当地借鉴相应的教学策略,从理论上提高自己对教学策略的认识,更有效地运用教学策略,将对学生的学习有所帮助。

二、借鉴的原则

教学的内容、方法和进度要适合学生的发展水平。孔子曰:"因材施教"。其实质就是了解学生的发展水平,关注学情。学情是指来自学习者自身的、影响其学习效果的一切因素的总和,它包括学生的知识经验、心理特点、成长规律、行为方式、思维方法、兴趣爱好等诸多方面。把握学情对教学具有重要的意义。教育实施对象是学生,是一个个充满了生机与活力的人。教师必须善于了解学情,关注科学性原则,只有准确地了解学情,才能使我们的教学方向更正确、方法更灵活、效果更理想,才会使学生获得最大程度的发展。因此,在教学过程中,教师要时时刻刻做到以发展的眼光看学生,密切关注学情。

在借鉴的过程中,更需关注学情的不同,特别是知识经验的不同。学生上小学前,在母语的浸润下至少有六七年,包括三年的幼儿教育,基本熟知汉语语音发音,了解如何表达大概的意思。相对的,大部分学生接触英语较晚,对英语的基本语音发音无任何基础,更别提说话或语感了。在一年级入学时,他们的语文知识储备和英语知识储备是不对等的。因而在编排教材时,编者在语文一年级教材安排学习拼音部分,而英语是二年级才开始学习字母。这点就要求小学英语教师在借鉴小学语文教学经验的时候,应充足考虑到学生基础情况的不同。另外,英语教学对教材的熟悉程度要求比之语文要更高。如教六年级的英语,教师必须对前面的单词和句型的教学了如指掌,复习起来才能以旧带新,否则使用学生没学过的单词,不能起到复写作用,也无法让学生与原有旧知建立新的联系,使课堂的有效性降低。而语文相对界限就没那么严格,许多词语、文字可能学生没学过,但稍加解释,学生即能了解意思,不影响其对文、义的理解。再者,由于语言环境的浸润程度不同,学生到第三学段时的语文阅读与写作能力与英语二级水平的阅读与写作能力是不对等的。如果用这阶段的语文阅读策略来启发英语的阅读教学,将这阶段的语文写作策略应用于英语写作教学,无异于拿着大的钥匙开小的锁头,是不合适的。因而,借鉴过程中,发展性原则是重要原则。

第二节　小学英语教学实践中存在的疑惑与小学语文教学经验分析

一、小学英语教学实践中存在的疑惑

小学英语教师在教学实践中,为了让学生更好地掌握语言,采取了多种多样的操练方式和教学方法进行教学和巩固。

(一)小学英语单词教学困惑

在小学英语中,教师为了让学生掌握单词,努力采取各种各样的教学方法,但忽视音形义的有机联系,过分倚重学生的机械记忆,依然是普遍现象。

孙中山先生曾说过"知之非艰,行之惟艰",说明要在实践中才能真正运用所学知识并掌握它。教师的这种做法如同在岸上教游泳,而不进行游泳实践。学生在这种教学方式下,没有身临其境的语言环境,没有从中获取生活体验,没有在头脑中形成可供方便提取的语库材料,自然无法对语言留下深刻印象,学习效果自然不理想。

(二)小学英语阅读教学困惑

阅读素养是 21 世纪人才的核心素养之一。外语阅读对儿童的语言能力发展和全面发展有着积极的作用。通过阅读,学生在英语的真实语境中学习,发展语言能力,使情感受到激发,生命得予涵养。阅读时实现语言教学"工具性"与"人文性"双重属性的重要载体。

1.缺乏诵读的要求

观察大部分的小学英语研讨课,发现教师在教学过程中,基本对课文的诵读强调得不多。

教师在教学过程中,能运用任务型教学法,意在引领学生在任务中学习语言。但是诵读过程中,教师缺乏对诵读的指导。所谓诵读就是通过重音、节奏、语调等语音手段表达语言材料中的思想感情,即清晰响亮准确地把语言文字材料朗诵出来。诵读要求诵读者通过视觉仔细看着语言材料;同时还要从大脑中想着它的发音,然后大声地读出声。大量的、准确地诵读能够促进听力和口语的进一步完善,培养学生英语思维能力,而广泛的诵读更能充分提高阅读和写作水平。由此可见,长期缺乏对诵读的指导,会妨碍学生英语素养的提高。

2.缺乏优秀篇章的学习

通览小学英语教材,选入的课文主要由教材编写者主编,以对话文、记叙文为主,很少见到经典文学作品或绘本。教材编写者在编写课文时,多围绕语言功能、结构、实用话题和任务来设计,内容简单,忽视了人文性,不重视语言的优美性。

因而,在缺少优秀、地道的篇章学习中,很多中国学生在学习多年英语后,阅读地道的英语材料时,看得懂单词,但不了解含义。

3. 缺乏文本解读的指导

观察大部分的小学英语研讨课,发现教师在教学过程中,基本对课文的诵读强调地不多。

在阅读学习上,学生在教师的指导下通过回答问题,获取信息;再画出关键句,最后完成相应的练习。从常规来看,似乎没什么问题,但是教师并没有进行文本解读方法的指导。很多对课文的理解都不是学生自己的,而是教师强加给学生的。学生学习了单词和句型,但是没有一个完整性的篇章认识,如句子前后的联系,文本的结构等。情感目标中的"让学生学会积极讨论,主动探索",在课堂上并没有体现。大部分学生是按要求做、跟着大家做,而对重点信息的获取并没有主观体验,因而学习的效果并不理想。对课文中的人文性问题,关注得也比较少。而与本课相关的阅读资源也没有进行相应的拓展。

(三) 小学英语写作教学困惑

在小学英语写作教学中,到四年级开始尝试把学生的听说能力落实到读写能力上。那么小学英语的写作教学常态是怎样的呢?

模仿犹如学生写作文的拐杖,如能好好利用,将大大地提高学生的写作能力,让学生觉得写作文并不是那么可怕,促使学生形成写作的成就感。

学生借助例句的正确表达,了解写作技巧,确定写作方向,进行模仿,易于下笔。学生通过模仿写,在写作中感受语言结构,为自主写作奠定基础。

儿童心理学指出,儿童会根据日常例行活动,建立脚本。他们能根据脚本,知道在相关的实践中如何表现,并了解下一步应该做什么。同理,在写作中,帮助学生提供支架,有利于学生构建脚本,知道在写作中如何写,并了解下一步应该写什么。小学英语教师根据课程标准及心理学理论,设计二级写作内容,帮助学生提取语言结构,促使学生能够流利地写作。

在考试中,类似的题目有很多。先提供开头,描写情境,引导学生巩固书信的格式。通过图片,词语和例句,引导学生运用主要句型进行写作。开头的示范奠定写作的基调,引导学生从过去式进行表述。学生经过一段时间的训练,建构英语写作脚本,在实践中获得成就感,提高写作兴趣。

但是,从考试中的评分标准我们可以看出:能够描写出人物相应的动作得分。但是,如果增加修饰化的语句是没有分的。在所有的动作都描写完后,增加一些描述语使篇章更加完整,对事件的描述有开头有结尾,但在评分中是不得分的。即学生必须运用主要句型描述图片中的人物动作才可以。多余的拓展描写都视为无效分。长此以往,学生的思维将被局限在固定句型中,不利于思维的拓展和语言的自主运用。

另外,在平时的写作教学中,教师先渗透主要句型,通过示范句引导学生描述图片,然后指导学生根据所说内容描写下来。在这过程中,教师鲜少引导学生联系生活实际展开大胆的想象,鲜少引导学生细致观察图片并进行联想,鲜少引导学生关注语篇的连贯性;同时也缺乏文章思路的指导,更缺少对文章结构思维的渗透。因而学生的作文较为机械化、平面化,前后联系也不紧密。

二、小学语文教学经验分析

小学语文是母语课程,源远流长。经过长期的研究与实践,形成相对稳定的教学经验。现在将从阅读教学及写作教学两个方面对小学语文教学经验进行梳理,并从课程标准的要求和一定理论,进行简要分析。

(一)小学语文阅读教学经验

我国的小学语文教材一向是文选型教材,课程形态也一直是以阅读为中心融合识字和写作等内容的综合型课程。小学语文阅读教学是语文教学的最重要的组成部分,处于小学语文教学研究和实践的最中心,因此,累积了更为丰富的经验。

1. 诵读为基,语感为本

培养高品位的语感是语文课的最根本之处。学习汉语言特别重视语感的培养。而语感培养的基本途径则是诵读。诵读包括朗读和背诵。诵读是语文教学的目标和内容,有利于学生口语流利度的提高,还可促使学生深入体会课文。如何引导学生重视诵读,掌握诵读技能,小学语文教师有不少妙招。

(1)适当运用范读,提升诵读能力

首先,预防沉锚效应。为防止学生形成思维定势,造成千篇一律的情况,教师不给学生附加种种朗诵的框框,引导学生自读自悟,读出个性。学生挣脱了教师的朗诵拘束,读得或轻或重,或长或短,或低沉、或高昂,从小心翼翼到自由洒脱、随心所欲。学生在诵读的过程中,随着对文章理解的逐步深化随时改变读法。这种张扬个性的读法体现了自主学习的理念,学生既读得痛快淋漓,又充分展示了自己的个性与创新能力。

其次,利用沉锚效应。小学生模仿能力强,教师的范读犹如抛一个锚给学生,能让学生感受文本蕴含的语文美、情感美,有效提高学生的朗诵水平。

(2)把握节奏韵律,感受语言音乐美

诗歌和童话等体裁的课文,能很容易让学生浸润在文章的节奏及韵律中,能很好地让学生留意并发现其中的音乐性,能真切地让学生在诵读中感受、欣赏、认识语言的音乐美。学生们在轻柔的音乐中、在鲜明节奏中反复吟诵,读出诗歌强弱的重音,感受独特的音乐美,有效地强化记忆,提高学习兴趣。

(3)背诵优秀作品,提升语感水平

语文课程明确提出了语感培养的要求。语感是语文素养的要素之一。对语言的直接感受多了,良好的语感便可形成,说话、写文章时好词佳句就能脱口而出,甚至能妙语连珠、语惊四座。如何培养学生的语感?至关重要的途径即是听与读。

通览小学语文教材,大部分课文是专家、名师精挑细选之作,具有美妙生动的语句、富厚风趣的内容、活灵活现的事物,灵活多变的写作手法,文质兼美,蕴含着了解自然的智慧、文化的传承和为人处世的道理。学生通过朗读、背诵这样的优秀诗文,感受作品中的美好情境,体验情感,潜移默化中丰富自己的精神世界,练就阅读和写作的语言技能。

根据心理学信息加工理论,知识不仅可以用视觉的形式,也可以用言语形式储存。小学语文教师不仅要求学生多抄写、多模仿,还要求学生多倾听、多诵读、多背诵。学生在教师的指导下背诵名篇佳作、优美段落,从视觉及言语上去体验和吸收经典文学作品的精髓。

学生反复不断地诵读,并达到背诵程度,脑海里通过组块的策略把单个的信息集组成较大的语块,促使语块意识逐渐形成。如古人所言"熟读唐诗三百首,不会作诗也会吟"。学生一旦掌握唐诗里的优美诗句,形成语块意识,就可以随机组合或应用。如要赞美大自然的美景时,"阳春布德泽,万物生光辉"即能脱口而出;看到雨水过后,地上都是掉落的花朵,"满地黄花堆积,憔悴损"就立刻浮现脑海。这一句句诗句就是一个个语块,学生把它们当作整体来接受,存储在自己的词库里面,运用时将这些语块加以模仿、套用或创造使用,提高口语熟练程度。

学生从材料中提取频繁出现的语块,以整体形式学习语块,以独立单位储存知识,无需了解其内在构成成分,无需进行句法规则分析,即能在相似的语境中,从脑海里进行检索和提取。因而,学生通过背诵,形成语块意识,可以降低语言使用门槛,保证语言表达的纯正与流畅,提升语感水平。

为促使学生乐于背诵、积极背诵,小学语文教师做了很多努力。如举办背诵比赛,以身作则,做学生的榜样。教师经常利用碎片化时间与学生一起徜徉在书的海洋里,给学生树立一个榜样,并进行无声的教育。另外,每周固定一节课,让学生轮流推荐经典古诗或者优秀文章。然后从学生的推荐中选取一篇或者一段,进行师生背诵比赛,看谁最快最熟练背出。在这过程中,教师既是评委又是选手。身份上的变化,让学生既新奇又激动。学生为了赢过教师,听推荐的时候聚精会神,诵读的时候自觉反复,背诵起来快速又熟练。因而,在课余时间中,学生会自发地多阅读,以期能在下次推荐课上让教师选中自己所推荐的篇章进行背诵;也更乐于背诵,以期教师选中的篇章是自己已经背诵过的曲目。在这种良性循环中,学生阅读的范围增广,背诵的量获得积累,语感水平得到提升。

2.授予方法,教会阅读

众所周知,博览群书,可以开阔思路。如何培养学生的阅读能力一直是语文老师努力的方向。俗话说得好"授之以鱼不如授之以渔"。在小学语文阅读教学中,教师授予学生阅读的方法,引领学生开启阅读之门。

关于阅读教学,古话说得好,"得法者如鱼得水,无法者如瞎子点灯"。学生只有掌握阅读方法,才会在阅读中收获学习的喜悦。那么,如何促使学生学会掌握阅读方法呢?

首先学生在教师的引导下,通过起因、经过、结果这三要素,搞清事情的来龙去脉,读出整体篇章的感情基调。

接着学生在教师引导下,依据整体的感知理解文章的局部,抓住表现人物行动或心理活动的词句等重点词句与文本直接对话,体会人物个性化的语言、揣摩作者精辟准确的用词。

最后学生通过联系各个局部捋顺文章的表达顺序,了解文章的表达方法,学写作者观察事物、思考问题和表达思想的写作手法。学生在学习过程中逐步提升整体感知和概况能力并把这种能力迁移到课外阅读中,有效提高阅读理解能力,发展独立阅读能力,开启阅读欣赏之路。

3. 重视人文,渗透德育

《语文课程标准》要求培养学生正确的思想观念、科学的思维方式、高尚的道德情操、健康的审美情趣和积极的人生态度,是与帮助他们掌握学习方法、提高语文能力的过程融为一体的,不应该当作外在的附加任务。应该根据语文学科的特点,注重熏陶感染,潜移默化,把这些内容渗透于日常的教学过程之中。因而在小学语文阅读教学中,教师以生为本,培养学生通过体会课文中关键词句,归纳文中的主要思想,揣摩人物的情感,了解文章感情基调。

学生通过对文本的思考,结合自身的认知及经历,揣摩人物的心理,模仿人物的语气,与文本表达的思想产生碰撞,形成自己的见解,并在各抒己见过程中,使课堂上智慧迸发。教师适时地加入自己对文本的解读,渗透课程意识,引导学生倾听编者声音,了解编者意图,斟酌课文教学价值的定位,使文本表达的思想得到升华。由此,我们可看出,在具体的教学中,教师更是不断地渗透情感教育,以使学生能更深刻地阅读课文文本、感受人文。

4. 引进资源,大量阅读

由于汉语是母语,因而学生学习语文时,有大量的资源和实践机会。小学语文教师提倡学生多进行课外阅读,少做题、多读书、好读书、读好书、读整本的书,增加阅读量。

小学语文老师通过不同的途径,提高学生的阅读兴致,提高学生文学修养。如要求学生准备漂亮的本子,摘抄好词好句,并配上精美的图案。在课堂上,当学生有精彩发言时,教师抓住教育契机,树立典型,表扬、奖励学生,并引导该学生向大家介绍他从哪本书上获取相关信息。第二天学生将该书籍带来,带领同学一起学习,加深印象,提高学生的阅读主动性。

小学语文阅读教学中,教师引入大量资源,如非连续性文本。它基本是由数据表格、图表、曲线图以及图解文字等组成,如使用说明书、门票、广告、地图等。这些与我们生活息息相关,使用频率相当高的材料,恰恰是学生将语文知识运用在现实生活中最直接的体现。因而,引导学生解析非连续性文本,必不能少。小学语文教师引导学生从图文等组合材料中找出有价值的信息进行说明、解释和讨论,促使其领会文本的意思并得出有意义的结论,使其在今后步入社会生活,能从这种类型的文本中获取信息进而与人交流、合作。

(二)小学语文写作教学经验

写作作为与识字写字、阅读、口语交际并列的四大领域之一,学生的写作能力是其语文素养的综合体现,因此,写作教学的重要性不言而喻。写作建立在听、说、读的基础上,在单独语境中建构并且传达意义,需要学生有意识地思考语言的结构并造出句子,需要学生了解写作的规则。因而写作对学生来说,相对比较难。广大教师依据学生的心理特点和具体的教学内容,采用适当的教学策略,促使写作教学有效地进行,积累了行之有效的做法。

如何通过学习,使学生掌握言语信息与智力技能?小学语文教师的做法如下。

1. 理清文章思路

哲学上说,空间和时间的依存关系表达着事物的演化秩序。"时间"表达事物的生灭排列。"空间"表达事物的生灭范围。这种规则的学习,促进学生形成程序的概念,促使学生智力技能的发展。因而,小学语文教师引导学生在进行写作前,理清时间或空间的变化,确定文章写作思路,使文章脉络分明,层次清楚,使读者一目了然。学生在教师的指导下,将写作内容条理化,训练了逻辑思维能力,形成良好的智力技能,改善文章质量,提高写作能力,并养成良好的写作习惯。

2. 探究语篇结构

《语文课程标准》中提出在阅读中了解文章的表达顺序,初步领悟文章的基本表达方法。因而小学语文教师引导学生梳理语篇结构、获取文章的主旨大意,使其形成篇章结构概念。

学生在课上注重了解文章的结构,分析作者反映事物的表达方式,养成一定的阅读习惯。在其进行独立阅读实践中,这种习惯将引领学生通过结构来了解阅读材料的中心思想,为其写作的谋篇布局做铺垫。

3. 增加生活体验

言语信息的获得需要通过阅读积累素材;需要通过观察,增加体验感悟。世界上并不缺少美,而是缺少发现美的眼睛。学生通过观察,发现生活的美,更易于把握事物的特点或本质,增加生活体验,使写作更具有真实性与趣味性。

首先,在教学中,小学语文教师引导学生大量阅读,形成语篇图式;联系实际进行观察,形成生活实践图式。

其次,教师还抓住每个观察契机,引导学生观察自然,增加学生生活经验的累积。如在授课中,窗外突然乌云密布,骤发瓢泼大雨,将学生的目光都给吸引过去。这时,教师并没有继续上课,而是顺应学生的内心需求,让学生走出教室,给予学生充足的时间,引导学生从听觉、视觉、嗅觉及触觉来接触雨水。学生在走廊听雨声,观雨景,玩雨水,仔细观察,认真体会。回到教室后,教师立时要求学生写下自己的思考与认识。学生还沉浸在观察自然的过程中,下笔如有神。

另外,教师广泛运用资源,引导学生关注非连续性文本,观察图片,分享观察心得,并根据生成进行词语造句或将词语串成完整的句子等。通过简单的说话训练,引导学生将顺观察的事物,深化学生对词语的理解,训练学生遣词造句能力,为写作奠定基础。

除此之外,教师还注重指导观察的方法和步骤,引导学生关注写作技法,将之运用于观察事物上,帮助建立生活世界图式。学生在学校生活、家庭生活和社会生活的大环境中尝试进行观察,将写作与多彩的生活结合起来,热爱生活、善于观察,累积生活经验,从而培养写作的兴趣,提高写作能力。

第三节　小学语文阅读教学经验对小学英语阅读教学的启示

一、小学语文阅读教学经验对小学英语阅读教学的启示

人们在学习新的知识过程中,脑中只会保存某一部分。但是随着听、读次数的增加,人们逐渐能感觉出符合语法的句子并逐渐完善。之后,他会在适当的环境中尝试着运用语言并逐渐熟练掌握。因而,小学英语阅读教学可以从一定程度上借鉴小学语文阅读教学经验。

(一)加强诵读,培育语感

我国俗语"书读百遍,其义自见",强调的也是读的作用。因而,不仅要重视"多诵读",还要"增加积累",注意保证一定的输入量。

1. 重视跟读模仿,保证输入量

小学语文教师充分运用沉锚效应进行诵读,强调学生有感情地诵读课文,小学英语也可仿效,重视跟读原文录音,模仿语音语调,揣摩言语间的感情基调。

在利用沉锚效应方面,小学英语有专门的朗读工具。学生可以多听录音,感知标准地道的英语发音。在英语课堂上,小学英语教师以前用"listen and repeat"引导学生进行跟读,现在则提倡用"listen and imitate"。这个改变,强调的是听后不仅要跟读,还要模仿。不仅要模仿语音音调,还要揣摩文本表达的感情。心理学中米勒和多拉德提出了一个精细的仿效理论,或称匹配—依赖行为,指的是与榜样的行为相匹配,并依赖于或诱发于榜样行为。因而,跟读、模仿得与标准录音这一榜样行为越相近,诱发良好行为的机率更高,以后标准的英

语口语发音产生的可能性越高。学生学习和掌握朗诵技巧,能提高听音、辨音和切分声音的水平,有利于其解决歧义的问题。

但是在小学英语课堂上,花在"listen and imitate"的时间一般很少。如前文提到的,知识除了可以用视觉形式储存,还可以用言语形式储存。反复倾听,认真模仿,大声诵读,也适用于英语学习。因而,在课堂上,英语教师可通过不同的要求引导学生反复进行"listen and imitate"。每次朗读可针对一小片段录音,反复听、模仿读。为避免枯燥的跟读,教师在读的过程中要强调不同的要求,如连读的听与模仿,语调的起伏,尾音的重视,饱含的感情等。学生通过充分跟读模仿,大声诵读,可掌握标准的语音语调,从而达到熟读,对其中出现的语块形成一定的敏感性,获益匪浅。

2. 感受语言韵律,体味英语之美

很多学生发单音节或读一个孤立的词时很标准,但是在诵读或者说话时就缺少英语的味道。这是因为缺乏对英语的重音、语调、节奏等基本的知识和训练。因而不能仅仅教学生如何发一个孤立的音,还要包括语调和节奏。要练习英语节奏,就如语文教学一样,英语教材中的"chant"是一个很好的突破口。通过诵读,学生能更深刻地感受到英语的音韵美及节奏美。

作为一种语言资源,英文诗、颂歌和歌曲都可以充分利用。作为儿童学习英语的材料,这些语言资源包含了丰富的语音信息,如连读、同化、不完全爆破、节奏的抑扬顿挫等,有助于学生提高语音并学习语言的表达方式。学生容易从中感受语言韵律,挖掘语言的美,并能通过常用结构和词汇的重复,达到语言强化的目的。

3. 背诵优秀文章,积累运用语块

学习材料要有意义,能引发学生兴趣,语言要正确的三个原则。因而,选取恰当作品,让学生浸润在语言大师精彩地道的美文中,引发学生心灵共鸣,感受丰富的人文内涵,对提高学生的阅读能力有极大的作用。

另外,对比《语文课程标准》提到的要多背诵优秀诗文的要求,在《英语课程标准》没有相关建议。背诵给了学生丰富的情感体验,教会了他们领悟的能力,使他们具备了持续学习能力。正如语文教学经验所提到的语块意识,小学英语教学有必要大力倡导学生背诵名篇佳作,促使学生积累和运用语块、克服"中式英语"的影响。学生通过长期的背诵,感受英语的韵律和节奏,树立语块意识,形成完整的语块概念,养成背诵的好习惯,加强独立学习英语的能力。

当然只依赖教师的讲授与教材的学习,学生无法累积大量的英语语块。而依靠自己反复的观察、体会、模仿和试用,学生的英语语块才能不断累积并发展,才能真正具有持续学习的能力。因而,除了教师课堂上的引导,学生课后的积累也很重要。

(二)点拨方法,尝试阅读

《英语课程标准》提出"养成按意群阅读的习惯",强调按意思和结构划分句子各个部分。学生在阅读时获得一个完整的意群,能更准确地了解句子意思,并养成良好的阅读习惯。

在意群阅读的基础上,小学英语教师可以学习小学语文教学经验,通过思维导图,直观展示信息,促使学生感受信息之间的关系,使学生更直观、更形象地完成对文本信息的捕捉。

首先,教师通过问题引导的方式,利用思维导图,抓住时间、地点、人物、事件和结果等要素引导学生理清条理、了解文章基本信息,训练学生阅读技巧,促使学生掌握阅读方法。学生通过思维导图了解课文中"when、where、who、what、how"等相关因素,从总体上把握文章结构,了解事件间的逻辑关系,了解作者的表达方式。其次,通过提取关键词,搭建文本的结构图式,把原本枯燥抽象的课文变成一幅图画,形象直观地展现课文的全貌,留下记忆的线索,使文本成为思考的过程,提升思维品质;再者,依据搭建的支架,尝试复述课文,重建文本,加深记忆和理解,全面启用左右脑的功能,促进全脑背诵。学生在这过程中,解析大篇幅文本,分解学习难度,降低阅读难度,掌握英语文本阅读方法,逐步形成比较系统的学习和思维习惯,塑造思维品质,提高阅读效率。

(三)加强人文,渗透德育

《英语课程标准》对人文性做了明确的说明,指出"就人文性而言,英语课程承担着提高学生综合人文素质的任务,即学生通过英语课程能够开阔视野,丰富生活经历,形成跨文化意识,增强爱国主义精神,发展创新能力,形成良好的品格和正确的人生观和价值观"。由此可看出课标没有明确指出阅读课文文本时需如语文般揣摩感受。而在具体的教学过程中,学生更多的是完成日常用语的学习,了解课文文本描述的事件。教师或在上课间隙提上一两句进行德育渗透,很少咬文嚼字,对文本进行深刻剖析。

义务教育阶段英语课程具有工具性和人文性双重性质,因而在小学英语教学中,可以适当仿照小学语文教学过程中对人文渗透的做法,体会作者的思想感情,受优秀作品的感染和激励,向往和追求美好的理想,有意识的培养学生通过体会课文中关键词句,了解文中的语法使用,体会人物的情感,从而进行模仿诵读。学生剖析课文文本,受作品中的情感熏陶,了解相应的文化背景,提升人文素养。

(四)开发资源,拓展阅读

较之小学语文教材,小学英语教材在非连续性文本上有其优势,教材中有大量的插图。小学英语教师可以充分利用起来,引导学生从教材中的插图进行文本解读,提高学生获取信息能力。

《英语课程标准》提出"能看懂贺卡所表达的简单信息"。因而,教师除了使用学校指定的教材外,还可关注课外非连续性文本,培养学生处理信息能力。

另外，教师可提供参考资源，如上文所提到的歌曲、韵律诗和颂歌等，还有绘本等儿童文学，引导学生拓展课外阅读，增加知识积累。在教学过程中，教师也可适当地重整教材进行拓展。

除了文本材料，教师还可创设浸润环境，重视校园环境布置。如在校园内张贴英语标语，制作墙报；在班级张贴英语书法、绘画，布置"English corner"，学习园地；引导学生观察日常指示标语，利用网络查找资料，收听广播或观看录像来丰富资源；引入民间游戏，创设语言环境等。

二、小学语文写作教学经验对小学英语写作教学的启示

学生在小学阶段，听、说及读的技能发展得还不是很全面，面对写作这种较高难度的要求，出现畏难情绪是很正常的。在小学英语写作教学中，教师通过各种教学策略，引导学生学习单词、累积阅读量，为学生写作打下一定的基础。但是要让学生形成初步的综合语言运用能力，促使学生在写作中获得成就感，还需要教师做出一定的努力。小学语文在指导写作技巧方面的做法值得小学英语教师研究并借鉴。

（一）确定文章思路

从上文的疑惑总结中，我们知道，在小学英语教学中，教师一般引导学生模仿案例写句子，鲜少从文章写作思路进行文本解读，因而学生在写作中也鲜少理出文章思路。对比小学语文写作经验，有助于小学英语教师发现写作过程中的不足，并尝试从小学语文写作经验中获得启发。

通过练习，训练学生学以致用，尝试通过时间和地点来介绍人物。设计分层练习，学习有困难的学生可模仿，根据提示完成描写。学习有余力的学生可进行拓展描写，运用所学内容在写作中尝试进行运用。通过文章的学习，引导学生关注文章写作思路，抓住时空转变确定写作的方向，训练学生的智力技能，渗透写作技巧。

（二）渗透结构思维

在小学英语教学中，教师较多关注文本内容，鲜少关注文本的篇章结构。这导致学生在写作中，也只关注写作内容，对写作的篇章结构没有一点概念。

遵循课标要求，使用图片辅助，将语句顺序打乱，让学生重新编排。学生在编排的过程中，读懂简单的故事，促使逻辑思维形成。在此基础上，学生独立进行英语阅读乃至写作时，能遵循逻辑思维清晰阐述所要论述的事件或观点。

除了试题的修改，写作的评价方式也应进行适当的调整，从而引导学生进行全方位的描写，调动学生已有的知识结构，引导学生结合自己的体验抒发感悟，促使学生有完整篇章概念。如设计分层写作，学习有困难的学生完成基本的图片描写即可；学习有余力的学生可围

绕主题进行拓展描写,使各个水平的学生都能在写作中获得锻炼收获满足感。长此以往,学生的写作水平将大大地提高。

第四节 小学英语教学中语文教学现实影响与优化路径

语文对英语的影响已经得到实践的证实,即所谓的语言迁移现象,而且其迁移影响有正负之分,不仅可以强化英语单词的记忆、加深英语语法的理解以及提高英语阅读、翻译、写作的能力,也可能会混淆英语与汉语之间的差异性、将不良的语文学习习惯迁移到英语学习中,所以我们应该通过理清英语与汉语之间的差异、选择合适的英语教材、给予学生必要的适应时间等方式尽可能地发挥语文教学范式的正迁移作用,屏蔽其负迁移作用。

一、语文教学范式

一般认为,语文教学范式指的是在语文教学领域中,由所有教师组成的教学群体对语文教学所产生的共同的认知标准、相似的价值理念以及常用的教学工具的总和。

(一)授受范式

授受教学范式具有悠久的历史,可以追溯至古文时期。授受范式是在人类社会发展过程中自发形成的,存在时间长,延续性强,在20世纪70年代末仍然是占据主流的一种语文教学范式。由于受到应试教育、以及作者中心论的影响,其在导学范式产生之后仍然占据重要地位。授受范式的基本理念包括知识指向的教学目的观、教学传递观、主从师生观以及讲析方法论等。在语文教学中运用授受范式可以达到省时高效,最大限度地发挥教师作用的目的,但同时亦会使学生丧失学习的主动性、实践能力缺乏,进而陷入机械化的僵局之中。

(二)导学范式

导学范式是在20世纪80年代为适应改革开放以及世界教育趋势而形成的一种新的语文教学范式。其基本理念包括能力指向的教学目的观、教学指导观、师生交往观以及导练方法论,众多学者基于对其认识总结出多种具体的教学方法。导学范式重构师生关系,打破语文教学的模式化,将教学重心由知识传递转为能力训练,但是在该模式中,教师仍然处于支配地位,虽然其侧重能力的训练,但是依旧不重视其他方面的素养。

(三)对话范式

对话范式是随着课改要求而逐步发展起来的一种教学范式,其基本理念包括自我实现指向的教学观、教学合作观以及交往生成的方法论。对话内容十分丰富,涵盖文本对话、师生对话、生生对话等各个方面的对话。对话范式有利于学生养成健康的人格、提高综合素养、建立浓厚的师生关系,但同时也在时间、金钱、师资等方面提出了更高的要求。

三、英语教学中引入语文教学范式的现实影响

(一)积极影响

1. 强化英语单词的记忆

语言学习过程中,记忆是很重要的一个环节,在英语学习中亦不例外,单词量影响着阅读、写作、翻译等各方面的水平。记忆和拼写英语单词的方法很多,如逻辑记忆法、联想记忆法、构词记忆法、比较记忆法等,语文教学范式的引入或许可以适当减轻学生记忆的负担。中国学生普遍对汉语更加敏感,记忆起来也相对容易一些,通过谐音、读音等方法将汉语与英语恰当地结合起来,有助于单词的记忆。如对一些外来词汇"coffee(咖啡)"、"chocolate(巧克力)"、"hamburger(汉堡包)"等,学生可以直接将英语读音与中文意思联系在一起进行记忆。

2. 加深英语语法的理解

英语语法与汉语语法虽然在诸多方面大相径庭,但也不乏一些类似之处。例如:汉语有名词、动词、形容词、副词等十大词类,英语里面也有十大词类,而且区别不大;虽然表现形式略有不同,但是汉语与英语的句子都可以分为简单句和复合句等。为了使学生更快地掌握英语语法,教师可以将汉语与英语进行对比,有助于加深学生的理解。如在学习"过去完成时"的时候,教师可以借助汉语来进行讲解,把"过去完成时"简单地阐释为"过去的过去"比单纯的英语定义要容易理解得多。

3. 提高英语阅读、翻译、写作的能力

英汉对照阅读既可以节省学生阅读的时间,还可以帮助学生理解一些相对复杂的语句和段落,同时还可以让学生清晰地认识到英汉语言表达的差异,促进英语的学习;无论是汉译英还是英译汉都考察学生语言运用的能力,在翻译过程中有意识地引导学生训练长难句的翻译能力,领悟汉语与英语的相同与不同之处,从而更加灵活地运用英语;写作是对综合能力的考察,语文写作的思维、技巧同样可以适用于英语写作之中,一篇优秀的英语作文往往也符合汉语优秀作文的评价标准。

(二)消极影响

1. 混淆英语与汉语之间的差异性

英语与汉语分属不同的语系,由于形成背景、生活环境、历史文化等方面的区别,二者之间存在本质差别,很多词义、语法等并非一一对应的,过分混淆二者之间的差异往往会导致英语理解的困难,使得学生对英语具体的文化环境、语言习惯等一知半解,无形中增加了学习英语的难度。

2. 将不良的语文学习习惯迁移到英语学习中

对比分析理论表明,当在学习外语时,学习者倾向于将本民族语言的思维习惯、形式理

解等带入外语学习中去,因此若是将语文范式中的不良习惯,如不平等的师生观、模式化的教学范式等引入英语教学中,可能会适得其反。

三、英语教学中引入语文教学范式的优化路径

(一)理清英语与汉语之间的差异,对症下药

英语与汉语之间的关系错综复杂,汉语对英语具有正反两个方面的迁移作用已经得到学界的共识。二者虽然由于起源、书写方式、读音等多方面的差别使得其表现为两种不同的语言,但它们的作用相同,均是为了帮助人们更好地进行沟通与交流、方便我们的日常生活,而且语法结构亦有相通之处。理清二者之间的差异,在相同之处运用同一种教学范式,在不同之处区别对待,做好这一点不仅可以提高英语教学水平,同样可以创新语文教学范式。

(二)选择合适的英语教材,有针对性地强化朗读与背诵

背诵经典课文是语文教学中常用的一种教学手段,可以提高学生的文学素养,培养学生的人文情怀。经典的英语教材同样可以培养学生的语感,激发学生学习英语的兴趣与主动性。但是若是刻板地要求学生背诵枯燥的课文不但会增加学生的学习负担,而且还可能激起学生的逆反心理。因此,选择合适的英语教材,仅要求学生背诵经典篇章,可以在规避学生抵触心理的同时,鼓励学生进行交流与讨论,从而加深对课文内容的理解,这样在培养学生语感的同时也提升了其英语口语的表达能力。

(三)给予学生必要的适应时间,有机消化教学的内容

语文教学强调给予学生充足的时间去理解与消化新知识,鼓励学生在后期通过不同时间的重复听写与磨合加工强化学生的理解,最终可以在各种不同的环境中自然地运用语言表达,逐渐形成自己的语言习惯与风格。英语教学也应该重视这个原理,给予学生必要的消化时间,去适应单词与句型等的习惯用法。此外,英语作为一种外来语言,缺乏语言使用的真实环境,因而更应该给予学生消化吸收的时间,而不应该在讲完课文之后即要求学生进行表演、阐释感想等。

语文对英语的影响已经得到实践的证实,即所谓的语言迁移现象,所以我们不能简单地肯定或者否定在英语教学中引入语文教学范式,而应该探索如何增强语文教学范式的正迁移作用,削弱其负迁移作用。

参考文献

[1]徐文.小学语文教育与文学素养研究[M].青岛:中国海洋大学出版社,2022.06.

[2]何其钢.超能课堂小学英语[M].长沙:湖南教育出版社,2022.04.

[3]慕沛君.小学英语知识大全手册[M].南京:江苏凤凰科学技术出版社,2022.01.

[4]吴亮奎,陈菲,孙玲玲.小学语文教学设计策略与策略教学[M].福州:福建教育出版社,2022.06.

[5]王彩萍.小学语文教学与和谐课堂[M].长春:吉林出版集团有限责任公司,2022.06.

[6]郗利芹.基于主题意义探究的小学英语教学[M].北京:首都师范大学出版社,2022.05.

[7]祁生洋.小学语文知识精粹语文宝典[M].合肥:黄山书社,2022.02.

[8]张勇军.小学英语教学理论与实践[M].合肥:中国科学技术大学出版社,2022.06.

[9]周一贯.小学语文教育的文化观[M].南昌:江西教育出版社,2021.11.

[10]杨慧莉.小学语文语用教学的实践研究[M].天津:天津社会科学院出版社,2021.08.

[11]杨岸青,李淑琼.英语语言文学与学科教学研究[M].北京:知识产权出版社,2021.05.

[12]杨慧莉.小学语文语用教学的实践研究[M].天津:天津社会科学院出版社,2021.08.

[13]李帆,李婷婷.教育戏剧在小学英语教育教学中的应用[M].武汉:武汉大学出版社,2021.04.

[14]宋乃庆.小学英语课程与教学[M].重庆:西南师范大学出版社,2021.06.

[15]徐凤杰,刘湘,张金梅.小学语文教学生活化的策略与研究[M].长春:吉林人民出版社,2021.07.

[16]肖英,郭红霞,侯杰颖.小学语文实践活动设计与实施[M].北京:知识产权出版社,2021.10.

[17]李波.小学语文课程标准与教材研究[M].北京:新华出版社,2021.04.

[18]施丽聪.体格立场小学语文教学新思维[M].厦门:厦门大学出版社,2021.08.

[19]樊裔华.小学语文读写一体化[M].上海:上海交通大学出版社,2021.05.

[20]胡冰茹,周彩虹.小学语文课程教学与设计[M].苏州:苏州大学出版社,2020.08.

[21]张志泉,王俊英.小学英语教学设计[M].上海:复旦大学出版社,2020.05.

[22]崔照笛,孙旱迪,张丽娜.小学英语教学基础[M].长春:吉林大学出版社,2020.10.

[23]赵永伟.小学语文学习好帮手[M].宁波:宁波出版社,2020.08.

[24]吉桂凤.思维导图与小学英语教学(第2版)[M].北京:教育科学出版社,2020.05.

[25]任光霞.小学语文课程与教学研究[M].长春:吉林人民出版社,2020.08.

[26]李伟平.小学语文课型研究[M].福州:福建教育出版社,2020.05.

[27]薛炳群.小学语文学业质量评价指南[M].济南:济南出版社,2020.03.

[28]任真伟.小学语文课程与教学[M].成都:电子科技大学出版社,2020.07.

[29]刘萍萍.小学英语主题教学活动设计与案例分析[M].重庆:重庆大学出版社,2020.06.

[30]李玉明,潘娟.基于核心素养的小学英语主题式语篇教学实践研究[M].芜湖:安徽师范大学出版社,2020.09.

[31]崔希亮.汉语应用语言学研究[M].北京:商务印书馆,2020.

[32]张小琴.小学英语教学法[M].长春:吉林出版集团股份有限公司,2020.06.

[33]姚小淑.小学英语课程与教学[M].长沙:湖南大学出版社,2020.09.

[34]朱雅静.小学语文教学经验对小学英语教学的启示[D].厦门:集美大学,2018.

[35]周小惠.英语和语文成绩的相关性研究及其启示[J].教学与管理,2018(06):25-28.

[36]朱雅静,施茂枝,李彦敏.小学英语单词教学应借鉴小学语文识字教学经验[J].天津师范大学学报(基础教育版),2017(04):50-54.